校企合作民航服务类专业精品教材

互联网+教育改革新理念教材

民航求职面试技巧

主审　李冰峰

主编　朱海燕　金小岑　刘加明

教·学
资　源

航空工业出版社

北　京

内容提要

本书从航空公司对人才的选拔标准出发，以求职者普遍关心的问题为主线，系统地阐述了民航求职面试时的相关技巧。全书共分为七章，具体内容包括民航面试入门、民航面试前的准备工作、民航面试中的礼仪、民航中文面试技巧、民航英文面试技巧、面试总结和民航服务职业认知。

本书结构合理，内容深入浅出，语言通俗易懂，既可作为各院校民航服务类专业学生的学习用书，又可供广大有志从事民航服务业的人员参考。

图书在版编目（CIP）数据

民航求职面试技巧 / 朱海燕，金小岑，刘加明主编
. -- 北京 : 航空工业出版社，2021.6（2023.12 重印）
ISBN 978-7-5165-2623-1

Ⅰ. ①民… Ⅱ. ①朱… ②金… ③刘… Ⅲ. ①民用航空－乘务人员－职业选择 Ⅳ. ①F560.9

中国版本图书馆 CIP 数据核字(2021)第 109800 号

民航求职面试技巧
Minhang qiuzhi mianshi jiqiao

航空工业出版社出版发行
（北京市朝阳区京顺路 5 号曙光大厦 C 座四层　100028）
发行部电话：010-85672663　010-85672683

北京京华铭诚工贸有限公司印刷　　全国各地新华书店经售
2021 年 6 月第 1 版　　2023 年 12 月第 5 次印刷
开本：185×260　1/16　　字数：271 千字
印张：11.75　　定价：39.90 元

前言

随着我国民航业的快速发展，相关企业之间的竞争日益激烈，为了使企业能够在激烈的市场竞争中立于不败之地，各企业对服务人员的要求也愈加严格，因为企业之间的竞争归根到底是人才的竞争。有鉴于此，如何让自己从残酷的求职竞争中脱颖而出，就成了摆在每位求职者面前的首要问题。求职者要想顺利通过面试，除了要具备丰富的专业知识外，还应掌握一定的面试技巧。

本书即为帮助那些有意进入民航系统或相关行业的求职者而编写的，内容涵盖了民航面试入门、面试前的准备工作、面试中的礼仪、中文面试技巧、英文面试技巧、面试总结和民航服务职业认知。通过对本书的学习，可使学生在面试过程中扬长避短、机智应对，从而完美展现个人的综合魅力，进而提高面试成功率。

具体来说，本书主要有以下突出特色。

一、铸魂育人，润物无声

党的二十大报告指出："育人的根本在于立德。"本书有机融入党的二十大精神，以培养学生正确的世界观、人生观、价值观为己任，将中华优秀传统文化元素、职业素养元素、工匠精神元素、理论观点和方法论元素等有机融入教材中。例如，提出知识目标、能力目标与素质目标，将德育渗透于教学过程中；讲述民航服务行业中的先进人物事迹，使学生感受民航服务工作所需要的职业道德与职业素养；介绍民航服务专业知识，强调精益求精的工匠精神；紧跟时事，以大量情境模拟来锻炼学生解决实际问题的能力。

二、校企合作，职业引领

本书是在一线双师型教师和企业专职人员的指导与支持下进行编写的，其体例设计充分考虑了教学大纲要求与企业需求，内容紧密围绕岗位需求"量身定做"，全面提升了教材内容的职业属性，并增强了内容的实用性和针对性。

三、全新形态，全新理念

本书全面践行了"以学生为主体，以教师为主导，以能力为根本"的全新理念，按照"必需、够用、兼顾发展"的原则组织相关知识点和技能点。在教材内容的编排上，采取"理论知识＋情景模拟＋能力训练"的结构框架，有利于学生边学边练，快速提高学生的实践能力。

四、平台支撑，资源丰富

为了丰富课堂内容，拓展课堂知识，本书配备了丰富的微课资源，包括求职者在参加民航面试前需要做的准备工作、在面试中需要注重的各种礼仪与相关技巧，以及在面试后如何复盘等内容，学生只需拿出手机扫一扫即可学习相关知识，从而增强学生学习的自主性与趣味性。

与此同时，为了方便学校管理、教师教学和学生自学，本书与一款集教学管理、教学支撑于一体的文旌综合教育平台“文旌课堂”（www.wenjingketang.com）开展了深度合作，学校可借助该平台管理校本课程，教师可借助该平台管理各种教学资源、布置作业、组织考试，学生可借助该平台阅读课外资源、提交作业、进行线上练习、参加考试等。师生在教与学的过程中有任何疑问，都可以登录该平台寻求帮助。

五、精讲理论，案例典型

本书旨在帮助民航专业学生掌握相关的面试技巧，提高学生面试的成功率。本书知识点覆盖全面，结构体系完整、脉络清晰，内容阐述由浅入深、循序渐进、生动有趣，能够有效地帮助学生全面了解和掌握与民航面试技巧相关的知识，具有较强的指导性和实用性。同时，为了强化教材的实用性，本书在每个章节中安排了大量的情景模拟，从而让学生真正做到做中学、学中做，进而克服了很多教材理论和实践相脱节的问题。

此外，本书选取了一些民航面试失败与成功的经典案例，旨在提升学生的见识。让学生能够从失败的案例中汲取经验，提醒自己不犯类似的错误；使其从成功的案例中找出自己与成功者之间的差距，进而能够重新审视自己，不断改善自己的不足之处，以便能够在以后的面试中出色发挥。

六、版块丰富，版式美观

本书在每章章首设置了“知识目标、能力目标、素质目标”模块，提出需要了解并掌握的重要知识点，使学生的学习更有针对性。同时，在知识点的讲解中穿插了大量的“课堂互动”“知识链接”“案例”“真情服务”“课堂互动”等模块，既能帮助学生加深对所学知识的理解，又能起到活跃课堂气氛、激发学生学习兴趣。

此外，本书还配有民航服务各个岗位的工作图片，力求为读者提供丰富、直观的阅读体验。

本书由李冰峰担任主审，朱海燕、金小岑、刘加明担任主编，张程垚、郭怡辰、彭青宇、韦蝶青、田越、张舒页、王观军、吕建康、兰琳、陈玉红、解为担任副主编。在编写过程中，我们参考了大量的文献资料，且走访了一些单位负责招聘工作的专家、领导，收集了他们给求职者的一些建议和忠告，因此，本书的指导性非常强。

尽管我们在编写本书时已尽心竭力，但由于编者水平有限，书中难免存在疏漏与不妥之处，恳请广大读者、专家、同行予以批评指正，以便在今后的修订中进一步完善。

本书编委会

主　审　李冰峰

主　编　朱海燕　金小岑　刘加明

副主编　张程垚　郭怡辰　彭青宇

韦蝶青　田　越　张舒页

王观军　吕建康　兰　琳

陈玉红　解　为

目录

第一章

民航面试入门

知识目标

- 了解民航业对人才的需求情况。
- 了解民航面试的形式、流程、特点和原则。
- 掌握民航面试的禁忌、误区和一些棘手情况的处理。

能力目标

- 能根据民航业的发展现状及就业形势，选择就业方向、判断就业前景，并选择合适的岗位。
- 能根据面试流程完成面试。
- 能避免触犯面试禁忌或进入面试误区。
- 能正确处理面试中遇到的棘手情况。

素质目标

- 牢固树立“安全第一”的思想，培养职业使命感和社会责任感。
- 培养爱岗敬业、诚实守信、吃苦耐劳的品质。
- 培养职业道德，提高职业素养。

近年来，我国民航业发展迅猛，正由民航大国向民航强国跨越，因此，对民航服务人才的需求量也在逐年递增。对于想从事民航服务行业的人来说，面试是其进入民航企业的一条必经之路，只有通过了面试才可以到岗工作。那么，面试前我们需要了解哪些基本情况呢，这正是本章将要阐述的内容。

本章首先介绍了民航业的发展现状和发展趋势、民航业人才需求情况、民航业选拔人才的标准，以及民航业就业方向和就业前景等内容，旨在让求职者了解民航业的行业背景和就业前景，从而提高其从事民航服务工作的决心。其次，介绍了民航面试的形式、流程、特点、原则及民航面试与其他面试的区别，让求职者初步了解民航面试，使其能够在脑海中形成民航面试的清晰轮廓。最后，介绍了民航面试的禁忌、误区、一些常见错误及一些棘手问题的处理等内容，从而使求职者在面试时能够避免或从容应对这类问题。

第一节　民航业人才需求情况分析

案例导入

勇敢追梦——想当空姐的医学专业毕业生

20 岁的张帆于 2020 年 6 月份毕业后一直在其父亲开的诊所里工作。近期，她从朋友那里得知了一则关于中国南方航空公司招聘乘务员的消息后非常兴奋，因为她从小就梦想能够成为一名拎着行李箱游遍世界的女空中乘务员（又称空姐）。于是，她向该公司投递了一份应聘简历。

若干天后，张帆的父母得知此事。父亲说：“你大学学的医学专业，航空公司是不会要你的。”接着母亲说：“你还是老老实实地在诊所干活吧，空姐就是个吃青春饭的行业，你现在还年轻，也许公司会要你，但等你年龄大了，公司就不会让你再干了。”听到父母的说辞后，张帆感到很迷茫，因为她也不是很确定自己是否有资格参加面试，更不确定如果自己能够参加面试并且应聘成功，到 30 岁之后是不是会被公司解聘。

思考：① 医学专业的毕业生能从事空姐的工作吗？② 参加空姐面试的基本条件有哪些？③ 张帆的母亲说：“空姐就是吃青春饭的”，这种说法对吗？

一、民航业的发展现状和发展趋势

民航是指使用各类航空器从事除了军事性质（包括国防、警察和海关）以外的所有的航空活动。

民航业是指民用航空衍生的所有产业。从广义来讲，所有涉及民用航空方面的产业，包括航空器制造、航空运输、航空技术研究都属于民航产业；从狭义来讲，民航业主要指涉及民用航空运输方面的产业，包括民用航空公司、民用机场、空中交通管制等。

（一）民航业的发展现状

进入 21 世纪以来，我国民航业在航空运输服务、机场建设规划、航空网络布局等三个方面取得了长足的发展。据中国民用航空局统计，2019 年，我国民航运输机场完成旅客吞吐量 13.52 亿人次，比上年增长 6.9%；完成货邮吞吐量 1 710.01 万吨，比上年增长 2.1%。全行业全年新开工、续建机场项目 126 个，新增跑道 7 条，停机位 444 个，航站楼面积 174.9 万平方米。截至 2019 年年底，全行业运输机场共有跑道 261 条，停机位 6 244 个，航站楼面积 1 629 万平方米。

知识链接

旅客吞吐量是指报告期内进港和出港的旅客人数。

货邮吞吐量是指报告期内货物和邮件的进出港数量。

报告期是指当前研究的日期。例如，要研究 2020 年物价水平，并且和 2019 年物价水平作对比，那么 2020 年称为报告期，2019 年称为基期。

截至 2019 年年底，我国共有颁证运输机场 238 个，比上年底净增 3 个；共有运输航空公司 62 家，比上年底净增 2 家；民航全行业运输飞机期末在册架数 3 818 架，比上年底增加 179 架；共有定期航班航线 5 521 条，定期航班国内通航城市 234 个（不含香港、澳门、台湾），国际航班通航 65 个国家的 167 个城市，与其他国家或地区签订双边航空运输协定 127 个，实现了历史性跨越式增长。

从以上数据可以看出，我国民航业发展迅猛。2020 年是我国民航发展第十三个五年规划的最后一年，我国已基本实现了从航空运输大国向航空运输强国的跨越，民航运输和通用航空发展实现了“两翼齐飞”。目前，我国民航“十四五”规划编制工作正在开展，已锚定从 2021 年到 2035 年，我国将实现从单一的航空运输强国向多领域的民航强国跨越的战略目标。中国民用航空局将抓住新基建和智慧民航建设契机，加快推进民航基础设施高质量发展，为新时代民航强国建设提供有力支撑。

知识链接

民航发展的第十三个五年规划，是实现民航强国战略构想的决战时期，是全面夯实民航强国建设基础的关键阶段，也是国家深化科技体制改革和全面实施创新驱动的关键阶段。

所谓民航强国，是指我国民航业综合实力位居世界前列。具体表现为民航业在国家经济社会发展中发挥战略作用，安全好，贡献大，运行品质高，具有很强的国际竞争力、影响力和创新能力。

（二）民航业的发展趋势

2020年1月3日，中国民用航空局正式印发了《中国民航四型机场建设行动纲要（2020—2035年）》（以下简称《纲要》）。《纲要》指出，到2035年将实现标杆机场引领世界机场发展，全面建成安全高效、绿色环保、智慧便捷、和谐美好的四型机场，为全方位建设民航强国提供重要支撑。因此，我国民航业向着安全高效、绿色环保、智慧便捷的方向发展已成定局。

知识链接

四型机场是以“平安、绿色、智慧、人文”为核心，依靠科技进步、改革创新和协同共享，通过全过程、全要素、全方位优化，实现安全运行保障有力、生产管理精细智能、旅客出行便捷高效、环境生态绿色和谐，充分体现新时代高质量发展要求的机场。

1．向着安全高效的方向发展

社会经济发展和科学技术创新虽然促进了民航业运输水平的不断提升。但是，行业的高速发展也带来了行业内部的竞争，特别是近几年，行业竞争日趋激烈。然而，从众多竞争因素上来看，运输的安全性和效率属于民航企业最主要的核心竞争力。因此，为了提高民航企业的竞争力，不仅需要从技术层面上加以创新，还要优化管理体制，以保证民航运输更加安全高效。

知识链接

据中国民用航空局官网发布的《2019年民航行业发展统计公报》显示，2019年，全国民航安检部门共检查旅客6.60亿人次，检查旅客托运行李3.49亿件次，检查航空货物（不含邮件、快件）5.32亿件次，检查邮件、快件2.44亿件次，处置编造虚假恐怖威胁信息非法干扰事件38起，查处各类安保事件14 582起，确保了民航空防的持续安全。

截至2019年年底，民航实现了17年零7个月的空防安全零责任事故纪录，所以说我国民航空防安全系数相对较高。所谓空防安全，是指为了有效预防和制止人为的非法干扰民用航空的犯罪与行为，保证民用航空活动安全、正常、高效运行所进行的计划、组织、指挥、协调、控制，以及所采取的法律规范的总称。

2．向着绿色环保的方向发展

民航运输是我国运输业重要的方式，在人口运输和货物运输等方面都具有重要的作用。据中国民用航空局统计，2019 年，我国全行业完成旅客运输量 65 993.42 万人次，比上年增长 7.9%；全行业完成货邮运输量 753.14 万吨，比上年增长 2.0%。

在新时代背景下，我国人民环保意识不断提升，他们对民航运输提出了更高的环保要求。因此，我国航空运输的绿色环保标准要更加严格。因为在行业推进过程中，消费者需求是其内在推动力。所以，为保证民航业向着绿色环保的方向发展，就必须在航空噪音、航空排放、航空污染等各个方面加大管理力度并努力革新技术。

3．向着智慧便捷的方向发展

综合民航业发展需求和民航科技发展总体趋势我们可以看出，智慧民航是大势所趋。智慧民航不仅可以指导无障碍建设，为旅客提供安全自如、便捷舒心、连贯畅行的无障碍服务；还可以从旅客和货主的需求出发，向其提供全流程、高效率、高品质的服务；同时，也能够满足特殊群体的差异化需求。

课堂互动

讨论：促进民航业发展的因素有哪些？

（1）经济水平的发展促进着民航业的发展。

（2）旅游业发展促进着民航业的发展。

（3）政策的影响、市场机制的完善、航空成本的降低都有利于航空业的发展。

（4）生活水平的提高、经济贸易的发展对航空运输起了很大的推动作用。

（5）生活节奏的加快，人们追求快速、便捷、“时间就是金钱”的高效率生活，促进着民航业的发展。

（6）国际间的交流、境外旅游的开放，促使民航运输不断发展。

二、民航业人才需求情况

随着“一带一路”倡议的实施及国家政策的支持，我国民航业正处于高速、迅猛的发展阶段，因此，对民航业相关人才的需求也与日俱增。

（一）民航业人才需求数量

1．民航业的发展对人才的需求数量

IATA（国际航空运输协会）预计，我国将在 2022 年超过美国，成为世界上最大的民用航空市场。据波音公司预测，至 2035 年，因为运输力量需求增加，我国需新增 7 000 架民用客机，而每增加一架飞机，行业需要平均增加 500 名员工。因此，未来我国飞机的数量和规模决定了我国民航人才的需求规模。

2．历史遗留问题对人才的需求数量

到目前为止，我国民航业从业人员不足 20 万，还有近 50 万的人才缺口，从业人员的

数量已远远不能够满足日益增长的需求。因此，为了实现民航强国的目标，在今后相当长的时间，我国民航都会需要大量诸如飞行员、乘务员、安全员等专业技术人才、服务人才及管理人才来支撑民航业的可持续发展，如图 1-1 所示。

图 1-1 民航从业人员

（二）民航业人才需求类型

当前，我国正由民航大国向民航强国跨越，这就要求我国民航业的安全管理水平、运营效率、服务品质等标准要不断优化升级。因此，民航业对人才的需求也提出了更高的标准。就行业发展情况来看，具备专业能力的应用型人才、复合型创新人才、安全科技创新型人才，以及国际化人才将是民航业对人才需求的四大门类。

1. 应用型人才

在今后相当长的时期内，民航业的人才需求主要集中在能够胜任一线生产任务的熟练操作者，即能够从事飞机驾驶、运输管理、运输服务、运输调度与协调等工作的应用型人才。

2. 复合型创新人才

在民航运营企业，质量管理对于运行安全和服务品质具有举足轻重的作用，因此，民航业急需知识面宽、懂技术、会管理的复合型创新人才；在民航维修企业，深度维修更需要具有材料科学背景，强检测、能加工、善管理、综合素质高的复合型创新人才。未来智能维修、分布式网络化管理对于专业技术人才会有更高要求。例如，民航业从业人员要具备较全面的科学与工程知识体系，具有较强的信息技术软硬件应用能力甚至开发能力等。

3. 安全科技创新型人才

安全是民航业的生命线，是民航业永恒的主题。民航安全保障能力和保障水平是影响和制约民航发展的基本要素。在国际民航业日新月异的发展形势下，只有坚持走创新发展道路，中国民航才会焕发出勃勃生机。从民航业发展水平和产业经济技术结构看，我国目前除了需求大批应用型人才，满足民航企事业单位实际需求外；还需要一大批高层次、高水平，能够开发新产品、开拓新领域的民航安全科技创新人才。因此，加快培养一支与创新型民航安全科技人才队伍，是当前和今后的一项重要任务，是实现民航强国之梦的重要保障。

创新型民航安全科技人才应具备的特定素质是，在具有强烈创新意识的前提下，精通民航安全相关的基础知识，具备解决民航安全中的实际问题的能力，同时具有强烈的社会责任感。在知识方面，要求他们的知识结构宽、精、融。宽，就是知识面要宽；精，就是专业知识和实践能力要精；融，就是各种知识要融会贯通。

安全不容忽视

长鸣安全警钟——航空安全，容不得一丝侥幸和放纵

2019 年 11 月 3 日，一位知名航空博主爆料称，一名年轻的未穿制服的女乘客，大大咧咧地坐在了正在飞行中的民航客机的驾驶座上，面前的仪表盘前摆放着茶具。女乘客摆出了招牌“剪刀手”，回眸一笑，完成了照相打卡，并将照片晒到了网上。多名圈内人士指出，图片拍摄环境为真实的飞机驾驶舱，且为飞机飞行状态下违规拍摄。

2019 年 11 月 4 日下午，桂林航空公司发表声明称，该事件发生于 2019 年 1 月 4 日桂航 GT101 航班。根据桂林航空公司及桂林航空的相关管理规定，针对机长违反民航规章让无关人员进入驾驶舱的行为，桂林航空决定对当事机长处以终身停飞的处罚，对于涉事的其他机组成员处以无限期停飞并接受公司进一步调查。

乘客安全至高无上，对于任何有可能威胁航空安全的违法违规行为均应坚持“零容忍”。虽然女乘客进入驾驶舱打卡并没有造成机毁人亡的灾难，但对航班运行安全构成了较大威胁。

桂林航空公司对违规机长处以终身禁飞的处罚，显示了国内航企保障航空安全“零容忍”的决心，也提醒了各航空公司，务必以此事为契机，认真排查漏洞，开展警示教育，坚决杜绝类似事件再次发生。同时，随着民航业的快速发展，乘客人数的急剧增加，提高乘客的安全意识和规则意识，使其自觉规范自己的乘机行为也是刻不容缓。

4. 国际化人才

民航业具有国际性强、技术标准全球统一的特点，在我国由民航大国向民航强国跨越的历史进程中，我国与世界各国之间的交往越来越密切。因此，我们将需要大量熟练掌握国际民航运行的规章制度和具有国际视野的人才。

（三）民航业人才素质要求

1. 职业忠诚度高

人才的稳定性是企业发展必不可少的要素。民航业在高速发展时代需要一大批忠实于工作岗位的员工，他们的稳定性从某种方面也代表着企业的稳定性。

2. 热爱本职工作

民航服务是一项非常辛苦的工作，当自己理想中美好的“空姐”生活被现实工作的辛苦打破后，要能一如既往地主动、热情、周到、有礼貌、认真负责、勤勤恳恳、任劳任怨地做好工作，并且在面对任何环境的诱惑时，依然能够坚守岗位。

3. 专业知识全面

作为一名民航服务人员，需要掌握许多专业知识。比如，在中国飞往美国的航班上，民航服务人员不仅要掌握中国和美国的国家概况、人文地理、政治、经济，航线飞越的国家、城市、河流、山脉及名胜古迹等；还要掌握紧急情况的处置、医疗常识、飞行中的服务工作程序及服务技巧等。可以说，民航服务人员需要上知天文地理、下知各种服务技巧，且应具有较强的服务理念。

专业精神

乘务员紧急情况下展现出的业务素质

某日，在一架由大连飞往武汉的航班上，当班乘务员在客舱内为旅客提供服务时，发现一名旅客脸色煞白、神情恍惚且呼吸微弱，乘务员连续呼叫几声，该旅客都没有任何反应，乘务员立刻意识到这名旅客的身体状况出现问题了。她立刻询问旁边的旅客该旅客的状况，对该旅客的发病时间和状态进行详细的了解。

随后，乘务员立刻通过客舱广播寻找医生，同时，协同周围旅客将该旅客放平并拿来供氧设备给其吸氧。片刻之后，一名医生匆忙赶来，他详细了解了该旅客的基本情况后，对该旅客进行了身体检查，并给予专业的施救。几分钟后，旅客渐渐有了意识，生命体征也得到恢复。由于身体好转，旅客提出自己可以继续飞行，并对乘务员、医生以及其他旅客们的救助表示感谢。

从上述案例可以看出，当班乘务员在遇到旅客出现突发情况时，能够做到临危不乱，凭借良好的沟通能力向周边旅客咨询该旅客情况、凭借较强的应急能力用广播寻找医生、凭借扎实的医学基础对旅客进行吸氧救助，最终给旅客争取了宝贵的抢救时间。这不仅展现了一名乘务员应有的业务素质，还体现了乘务员对旅客的人文关怀。

4. 服务意识强

从企业的性质看，民航业属于典型的服务性行业。近年来，随着民航业的快速发展，企业之间的竞争也日趋激烈，而服务质量已成为企业之间竞争的关键。从旅客的角度看，旅客花费了比坐汽车、火车高几倍的价钱坐飞机，其目的不外乎以下三个方面：一是安全、二是快捷省时、三是舒适。可一旦民航服务人员所提供的服务不能够让旅客实现这样的目的，旅客就会不满、甚至抗议。所以，作为一名民航服务人员，最基本的要求是有较强的服务意识。

真情服务

忠于职守——航班延误惹人烦，真情服务暖人心

2020 年 12 月 22 日，由广州起飞的 HU7775 航班因机械故障延误，不能按时到达三明机场，进而导致由三明机场出发至郑州和广州的航班双双延误。

当日，在三明机场乘坐航班飞往郑州、广州的旅客中有老人旅客、无成人陪伴儿童及孕妇旅客。针对航班延误情况，三明机场地勤服务部立即启动《航班延误处置预案》，积极响应中国民用航空局"真情服务"要求，做到"航班延误，服务不延误"，全力做好航班延误后的旅客后续服务保障工作。在隔离区内，地面服务人员在巡场过程中积极主动地为儿童和老人送上小毯子，悉心解答每位旅客的疑问，耐心安抚旅客的情绪，协助旅客做好改签、退票等业务；实时播报航班最新延误动态，并积极与航空公司沟通，及时为旅客安排延误餐饮。面对机场温暖人心的真情服务，现场旅客的情绪较为稳定，纷纷表示对航班延误能够理解。直至次日凌晨，所有的出港航班在三明机场一线员工的共同努力下终于顺利出行。

面对航班延误，三明机场的一线工作人员始终坚守岗位，用真情服务让旅客不闹心、不堵心。机场的一线工作人员不是不累，而是肩上还有责任；不是不困，而是机场的形象必须要维护。坚守在一线的工作人员用他们的实际行动诠释了新时代的"青年文明号精神"，他们将继续深入一线岗位，模范带头，为旅客出行提供优质便利的服务。

5．吃苦耐劳

民航服务是一项劳动强度大、作息没有时间规律的工作。民航服务人员的工作任务包括飞机餐和饮料的准备、提供及回收，报纸和杂志的提供及回收，与旅客讲解安全知识等（见图 1-2），如果没有吃苦耐劳和持之以恒的精神，就很难承受住工作的压力。

图 1-2　民航服务人员

6. 沟通能力强

民航服务人员在工作过程中需要面对诸多的突发事件、矛盾与问题，而要妥善地处理好这些问题，就需要良好的沟通能力。作为一名民航服务人员，在面对旅客时，只有更好地和旅客沟通，才能清楚旅客真正想要什么，进而为旅客提供相应的服务。

在服务中，往往一句话就会带来截然不同的结果。一句动听的话，可能会给航空公司带来不少回头客；但一句难听的话，旅客可能再也不会选择乘坐这家航空公司的飞机，甚至有可能将他的遭遇发布于网上，进而造成其他潜在旅客的流失。

案 例

说话的艺术

一名乘务员在客舱巡视时，观察到一排座位上坐着三个人，婴儿在母亲的怀里熟睡，旁边还有另外一位旅客。乘务员想，如果把坐在旁边的旅客调开，孩子就可以平躺下来，这样孩子不仅能够休息得更好，母亲也不用那么劳累了。于是乘务员走上前跟旁边的旅客客气地协商："先生，您看，这位母亲抱着孩子太辛苦了，今天航班中还有空座位，我帮您调换一下，可以吗？"没想到这个提议被这位旅客断然拒绝："我只喜欢坐在自己的座位上！"乘务员愕然，悻悻地想：怎么会有这样不知道体谅别人的旅客啊，真自私！乘务员没想到问题出在自己的沟通上。

同样的场景，另外一位乘务员是这样说的："先生，这位母亲抱着孩子，你们坐得都比较挤，今天航班中还有空座位，我帮您调换一下，您可能会休息得更好些，您愿意吗？"这位旅客不仅欣然同意，还称赞乘务员想得周到，而那位母亲也一个劲地向乘务员致谢。

三、民航业选拔人才的标准

（一）民航业选拔人才的基本条件

扫一扫

民航乘务员身体条件要求

1. 身体条件

（1）女生身高（cm）：【乘务员】162～175、【安全员】165～175；男生身高（cm）：【乘务员】172～185、【安全员】170～185。

（2）女生体重（kg）：［身高（cm）-110］×90%～［身高（cm）-110］；男生体重（kg）：［身高（cm）-105］×90%～［身高（cm）-105］。

（3）女生视力：矫正视力 C 字表 0.5 以上（可佩戴隐形眼镜）；男生视力：裸眼视力 C 字表 0.7 以上（可进行矫正手术）。

（4）五官端正、身体匀称、肤色健康，身体裸露部位无明显疤痕，无纹身。

（5）无色盲、无色弱。

（6）无慢性病史、无精神病家族史、遗传病史、癫痫病史。

（7）无口吃，无晕车、晕船史，无口臭、腋臭，无明显的“O”型和“X”型腿。

2．素质条件

（1）普通高等学历教育国家认可大学专科（含）以上在校生和应、往届毕业生。

（2）专业不限。

（3）具有良好的英语交流能力，具有国家认可的英语等级证书（不强制获取）。

（4）普通话标准。

（5）具有良好的品行。

知识链接

随着我国民航业发展，人才需求量增多，对民航从业人员的要求越来越高，航空公司的选人倾向逐渐从单一的服务型转向全面的综合型，艺术类、语言类、教育类、医护类等非乘务员专业的求职者更加受到航空公司青睐。

目前，大部分航空公司的招聘条件都不限制专业了，官方发布出来的乘务员招聘简章上也会明确写明“专业不限”。

3．其他条件

（1）拥有中华人民共和国公民身份。

（2）本人及家庭成员无刑事记录。

（3）身心健康，满足中国民用航空局颁布的《中国民用航空人员医学标准和体检合格证管理规则》（CCAR-67FS）中规定的体检标准。

（4）热爱祖国、遵纪守法、举止端庄，有志于从事民航服务事业，具有较强的服务意识和良好的道德品质。

（二）民航业政审最低要求

（1）未受到刑事处罚和劳动教养处罚。

（2）未被国家机关侦察、起诉、审判。

（3）未参加非法组织。

（4）无其他严重违法行为。

（5）表现良好，品行端正。

课堂互动

（1）英语四级没过可以做乘务员吗？

（2）长得不漂亮可以参加乘务员面试吗？

四、民航业就业方向与就业前景

据航空运输协会预测，中国将会成为民航业中发展最快、潜力最大的国家，未来20年间，中国将成为全球第二大航空市场。民航业的空前发展，为行业人才带来了多样化的就业机遇。

（一）民航业就业方向

民航专业毕业后，合格的毕业生可去中国国际航空股份有限公司、中国南方航空股份有限公司、中国东方航空股份有限公司、海南航空股份有限公司等各大航空公司，主要从事空中乘务员、民航安全员及民航地勤等相关工作，如图1-3所示；也可去国际邮轮、外资企业、金融保险电信、大众传媒、广告等单位从事外事接待、秘书、人事、公关礼仪等管理和实务工作。

图1-3 民航乘务员

（二）民航业就业前景

当前，我国正处于从民航大国向民航强国的转变过程中，迫切需要大量与民航相关的专业人才。在中国人事科学研究院发布的《中国人才报告》中，将民航相关专业列为未来十年人才缺口较大的专业之一，由此可见，民航相关专业的就业前景非常广阔。

1. 民航业人才需求量大

据权威预测，最近5年中国至少新增4～6万名乘务员的工作岗位，民航乘务员队伍将超过30万人，规模将是目前的5倍。

中国机场建设进入加速发展阶段，在今后5年内，我国民航将以每年100～150架的速度引进飞机，并将实现航空运输总周转量、旅客运输量和货邮运输量均比目前翻一番。因此，民航业对空中乘务员、安全员，以及地勤人员的需求也将大幅增长。

有数据显示，仅中国东方航空股份有限公司一家，每年就需要补充几千名民航专业人才。除了国内航空公司、机场的人才需求外，近几年，随着国内民航市场进一步开放，国外各大航空公司纷纷进驻中国，各大外资航空公司、民营航空公司、民航业衍生的航空服务企业等都有人才需求。

2．民航业就业待遇好、稳定性高

从事民航服务工作，工作环境好，收入高。从现有薪资水平看，国内主流航空公司优秀乘务员的平均年薪在10万元。国内三大航空公司（中国国际航空股份有限公司、中国东方航空股份有限公司、中国南方航空股份有限公司）的机长年薪在40～50万元，一些小航空公司机长的年薪在70～80万元，一些货机机长的年薪则有可能超百万。由此可见，民航业的就业待遇相对较好。

扫一扫

国航空乘待遇

同时，因其专业性和供应不足，其职业稳定性也可以得到保证。所以说，民航业在中国拥有广阔的发展前景，属于极有潜力的行业。

3．民航业就业岗位多

从上世纪80年代起，成为“空姐”“空少”是很多年轻人的梦想，直到今天，年轻人对这个职业的喜爱之情丝毫没有减退。其实，“空姐”是对民航职位的狭隘理解，民航业的职位远远不止这些。据统计，仅航空公司和机场就有空中乘务、国际客运、国内客运、航空物流、飞机维修、安检、航空服务、载重平衡、生产调度、市场营销等各类岗位。

未来几年，民航业对民航运输、航空运输安全管理人员、维修人员、空中乘务、飞机机电、航空服务管理、安检、机务等方面的人才需求较大。其中，空中乘务、航空运输安全管理人员、安检及维修人员四类职位最为紧缺。

知识链接

乘务员是吃青春饭的？错！没有比它更稳定的职业了！

首先，“乘务员是吃青春饭的”这一说法是完全错误的。因为，根据国家政策和中国民用航空总局规定，中国民航空勤人员上岗后必须签正式合同，一般合同签订时间是3年—5年—10年—永久。而且，受《劳动法》的约束，航空公司不可能也不可以随意开除员工。男性乘务员的退休年龄是50岁，女性乘务员的退休年龄是55岁。只要自身条件允许，就可以一直飞到退休年龄。

其次，乘务员这个职业是有很大发展空间的，乘务员的职业生涯大体分为四个阶段：普通舱乘务员——两舱乘务员——区域乘务长——主任乘务长。随着乘务员飞行小时数的增加及个人资历的提升，然后通过相应的考核就可以升职、加薪。

另外，相关数据显示：“大龄”乘务员服务于航班，在国外的航空公司十分常见。“大龄”乘务人员为旅客服务已成常态；近年来，国内也开始大量任用空嫂。

总而言之，乘务员是一份既稳定又有发展前景的岗位。

4. 民航业就业率高

近年来，民航相关专业成为最热门、就业率最高的专业之一。我国民航专业毕业生就业率连年接近 100%，且出现了各大航空公司、机场集团同时到学校“抢购”毕业生的局面，就连一些还没毕业的学生都被相关企业早早预定。据相关记者报道，临近 2020 年毕业季时，仅在北京国际经贸学院民航管理学院，就见到南方航空、海南航空、深圳航空、厦门航空等国内航空公司相继展开了大规模的招聘活动；更有甚者，一些民营航空公司展开“人才大战”，高薪挖角，民航人才争夺战已经打响。如图 1-4 所示。

图 1-4 民航企业校招场面

第二节 民航面试概述

案例导入

未雨绸缪，才能稳操胜券——重视面试前的准备

背景材料：假设在 2020 年 2 月底，你乘坐一架可容纳 10 人小型客机由深圳飞往哈尔滨，就在飞机飞临到某地上空时，突遇大风雪，飞机不幸失事而跌入山里。驾驶员还没来得及告诉大家飞机的具体位置就死去了，你和其他旅客均没有受伤，并且还从机舱中抢救出了该地区的航空地图、5 L 矿泉水、3 条羊毛毯、大型手电筒、3 盒火柴、若干塑料雨衣、1 瓶食盐片、1 支大蜡烛、1 个急救箱与 1 个化妆镜等 10 类物品。

要求：请你用 3 分钟时间，将这 10 类物品按照对生存的重要性进行排序，并写出理由，在此期间，请不要互相讨论。在听到“讨论开始”口令后，每 5 名同学自由组合进行讨论，讨论时学生要用最简洁、流畅的语言阐明自己的观点，每人每次发言不超过

2 分钟，发言次数不限，但总体讨论时间不得超过 10 分钟。最后，每个小组派出一个代表来汇报你们的结果，并阐述你们做出这种排序的理由。

上述案例是一则关于民航无领导小组讨论面试时经典的飞机失事案例。在日常学习过程中，如果我们经常对民航面试时一些常见的案例进行模拟演练，在正式面试时，我们就可以以平常心面对。俗话说得好，你必须非常努力，才能看起来毫不费力。

民航面试是由航空公司或委托第三方根据岗位需求，经过精心的设计与安排，在特定的时间和地点，由面试官和求职者按照预先设定好的目的和程序进行相互观察、相互沟通的过程，最终做出聘用与否、受聘与否的决定。如果求职者想要在民航面试时脱颖而出，首先要了解民航面试的形式、流程、特点、原则，以及民航面试与其他面试的区别，从而形成对民航面试的直观印象，然后才能在真正的民航面试时从容应对。

一、民航面试的形式

面试是很多求职者进入职场的一个必要环节，因求职岗位的不同或企业性质的不同，对选拔人才所采取的面试形式也有所差别。其中，通过国家公务员考试（以下简称“国考”）进入民航企业的面试采用的大都是结构化面试或无领导小组讨论面试的考查形式，而通过非国考进入民航企业的面试采用的大都无领导小组讨论面试的考查形式。所以，希望进入民航企业的学生需同时熟悉结构化面试和无领导小组讨论面试，从而做好两手准备。

（一）结构化面试

结构化面试是根据特定职位的任职要求，遵循固定的程序，采用专门的题库、评价标准和评价方法，通过面试官小组与求职者面对面的言语交流等方式，评价求职者是否符合招聘岗位要求的人才测评方法。同时，结构化面试是一种比较规范的面试形式，有效性和可靠性较高，但由于不能进行设定问题外的提问，故存在一定的局限性。

扫一扫

结构化面试

1. 面试的题量与时长

结构化面试的题量一般为 4 道题，时间为 25 分钟左右，平均一道题 6 分钟的时间。求职者需要注意的是，材料题型的结构化面试通常采取场外读材料和场内作答的方式，思考时间和作答时间由求职者灵活把握。如“10+20 分钟”的面试，10 分钟是求职者在场外阅读材料的时间，20 分钟是求职者在场内作答的时间。

2. 面试的题型

结构化面试的题型较为灵活，一般是以政府认知、职业认知、规划事件处理、突发事件处理、工作关系处理这五大题型为主，偶尔也会出现情景模拟和小材料题等考查形式。

案　例

情景模拟：有位老人在飞机上使用充电宝，周围人劝其不要使用，太危险了，但老人不同意并且态度非常强硬，称害怕手机没电，下飞机联系不到女儿。如果你是飞机上的乘务员，请问你如何与他进行沟通？请现场模拟。

参考解析：

大爷您好，我是这个航班的乘务员，很高兴为您服务。我看您一直拿着充电宝为手机充电，是怕手机没电联系不到女儿吧。这个我非常理解您，因为我在飞机上工作，有时候也为联系不到父母而着急。但是我们飞机有项规定，在起飞和降落的过程中是不能使用充电宝的，因为在飞机上使用充电宝时会产生一些电磁波，这些电磁波很容易干扰飞机通讯设备和导航设备的正常工作，从而导致严重的后果。所以还是请大爷配合我们的工作，我相信大爷您也是一个通情达理的人。

要不您看这样，飞机上您不充电，等下了飞机取托运行李的时候，大厅内有手机加油站，那里可以免费充电，只要充电几分钟就能开机，不会耽误您太长时间的；如果您还是不放心，您看您方不方便把您女儿的手机号给我，等飞机一落地我会第一时间给您女儿打电话说明情况，并把您的位置告诉她，一定不会让您等太久，所以请您不必担心了。现在您可以把将手机调成飞行模式，闭目养神，毕竟旅途还是很辛苦的。如果您有精力的话，也可以看看我们航班为您准备的杂志，有旅行方面的也有财经方面的。祝您旅途愉快。

3．面试的内容

国考民航系统的面试内容有两种。一种是使用统考题，题目内容不结合民航业务背景；另一种是结合岗位的具体要求自主命题，题目内容和岗位紧密相关。因此，对于想通过国考进入民航企业的求职者来说，除了学习结构化面试的基础知识外，还需要系统地学习与民航系统相关的理论知识，以及报考岗位所需的专业知识与专业技能。

课堂互动

（1）有人在19号登机口掉了钱包，钱包中有大量现金以及身份证、银行卡等证件，该旅客认为是飞机上的人偷的，假如你是航空警察，你该怎么处理？

（2）假定你是企业人事部专员，有个同事在单位工作两年，感觉压力太大想辞职，但领导很看好他，想让你去劝说他留下来，你会如何劝说？

（3）多家航空公司经常出现飞机不正点现象，你该怎么进行调查？

（二）无领导小组面试

无领导小组面试是一种采用情景模拟的方式对求职者进行集体面试的一种考查方式，

此时所有求职者被随机地分成几组（每组 6～10 人）进行话题讨论。面试官会给出一到几个问题，让求职者在一定的时间内（一般 1 小时左右）围绕给定的问题展开讨论并解决这些问题，以此来考查求职者的组织协调能力、口头表达能力、情绪稳定性、处理人际关系的技巧、非语言沟通能力（如面部表情、身体姿势、语调、语速和手势等）等，从而来确定求职者是否符合岗位需要。如图 1-5 所示。

扫一扫

无领导小组面试

图 1-5 无领导小组面试场景

1．无领导小组面试的一般步骤

（1）接受问题，小组成员各自准备发言提纲。

（2）小组成员轮流发言，阐述自己的观点。

（3）成员讨论，逐步得出最佳方案。

（4）每组选出一个代表总结并汇报该组的讨论结果。

2．无领导小组面试中常见的问题形式及答题策略

1）开放式问题

所谓开放式问题，是指其答案范围很广、很宽，可以从多角度回答问题。此类问题主要考查求职者们思考问题是否全面、是否有针对性，思路是否清晰，是否有独特的见解等。例如：你认为什么样的领导才是好领导？关于此问题，求职者可以从很多方面入手进行解答，如领导的人格魅力、领导的才能、领导的亲和力等。

答题策略：此类问题没有标准答案，求职者完全可以根据自己的知识累积进行作答，只要言之有据、逻辑合理、条理清晰即可。

2）两难问题

所谓两难问题，是指让求职者在两种互有利弊的答案中选择其中的一种。此类问题主要考查求职者的分析能力、语言表达能力以及说服力等。

答题策略：对于此类问题，求职者在具体讨论过程中要有一定的技巧。第一，要选择立意比较高的一方。比如集体利益高于个人利益、民生发展高于经济发展等。第二，要选

择立意比较新颖的一方。如果在具体讨论的过程中，大部分人的观点都倾向于一种意见，你不妨考虑支持较弱的一方，因为这样比较容易制造亮点。但也要注意，不能过于坚持自己的观点，还要兼顾其他人的观点，因为，为了集体的利益而适当做出让步也是作为一名合格民航服务人员必备的一项品质。

课堂互动

（1）如果你应聘的两家公司，其中一家承诺给你说让你继续深造，费用由公司承担，但开出的条件是你要为他们公司服务最低5年；而另一家公司承诺给你比较可观的薪水。请问你会选择哪家公司，为什么？

（2）如果给你吃葡萄，你会选择先吃已经有点坏的？还是选择先吃好的？为什么？

3）多项选择问题

多项选择问题是无领导小组讨论中常出现的问题形式。多项选择分为单纯的多项选择题和排序类多项选择题。单纯的多项选择题，是让求职者从众多被选项中选择其中的几个选项，并说明理由，最终在规定的时间内讨论并达成一致意见的题型；排序类多项选择题，则是让求职者从备选答案中选出几种有效选项，根据命题要求进行排序，并在规定的时间内完成讨论并达成一致意见。此类问题主要考查是求职者的综合分析能力、语言表达能力、说服力以及相关的专业知识、社会知识等。

答题策略：对于单纯的多项选择题，要从内部因素分析，尽量不要把问题发生的原因过多归咎于外部因素。对于排序类选择题，要从事件的紧急和重要程度进行排序，重要且紧急的事件应优先解决，接下来依次解决重要但不紧急事件、紧急但不重要的事件，最后解决既不重要也不紧急的事件。其中，判断事件重要性或者紧急性的标准是要站在全局和人民利益最大的角度来判断。对于此类问题，在发言时要首先开门见山地说明自己排序的原则或方法，给出自己认为合适的顺序或观点，然后再简单地说明原因。

例如：上午9点半有个活动要参加，10点半有个教师会，下午2点要写一份材料，2点半要将一份材料送到另一个单位去盖章，3点要去车站接你的家人，还要去医院体检。你要如何安排这些活动？

4）资源争夺问题

资源争夺问题是让处于同等地位的求职者就有限的资源进行分配或就一定的名额、资格等进行自荐式争夺，从而考查求职者的语言表达能力、分析和解决问题的能力，以及发言的积极性和反应的敏感度等。

答题策略：① 求职者一方面要参与讨论，另一方面要跳出讨论去观察整个讨论过程，从而避免掉入混乱的争论里；② 求职者要有全局观，在合适的时机做出让步，从而保证小组的整体利益，避免讨论时间截止而没有完成讨论任务的现象出现。

课堂互动

材料背景：一家小公司由于市场饱和、订货量减少，公司面临着裁减职员的问题。这是比较困难的问题，因为公司从未解雇过员工，员工们也一向对公司以及自己的待遇满意。但是由于形势所迫，总裁不得不找来几个经理，让他们讨论排出被裁员工的顺序。

以下是这 6 名员工的简介：

A：男，54 岁，独居。自公司成立以来一直在公司工作，工作任劳任怨。近年来身体状况不好，工作有些力不从心。

B：男，49 岁，已婚。自公司成立以来一直在公司工作。早期曾为公司做过贡献，近年来对公司有些抱怨，因此影响了工作。

C：男，30 岁，在公司工作 6 年。生产线上的出色技术工人，性格内向，不善交际。

D：女，32 岁，离婚，养育 1 个孩子。在公司工作 5 年，工作完成得较好，生活比较困难，因为待遇问题与主管发生过争执。

E：男，35 岁，已婚，妻子不久前失业。在公司工作 5 年，工作表现良好，曾经被公司选送参加培训。

F：女，23 岁，未婚。在公司工作 2 年，表现良好，与同事关系不错，正被公司考虑送出去培训以提高技术。

要求：请将上述职员按裁员先后顺序排列，并写出自己的排序理由。然后，同学们自由组合，每组 8 人进行讨论，最后形成一致意见。

3．无领导小组面试的应对策略

1）充满信心、积极发言

在参加无领导小组面试时，发言要积极主动，可以先发制人，也可以后发制人。切记在任何时候都不要置身事外，否则会被视为没有团队精神。

先发制人是在面试开始后，抢先亮出自己的观点，这样不仅可以给面试官留下较深的印象，而且还有可能引导和左右其他求职者的思想和见解，将他们的注意力吸引到自己的观点上来，从而争取充当小组中的领导角色。

后发制人是在面试开始后，先不急于表述自己的看法，而是仔细倾听别人的发言，从其发言中捕捉某些对自己有用的信息，然后对自己的观点进行补充和完善。待自己的发言思路及内容都成熟以后，再进行阐述。

2）言之有物、有理有据

求职者在每次发言时，必须观点鲜明、条理清晰、言之有物、有理有据。唯有如此，才能让自己的发言有说服力，进而赢得面试官的认同。

3）态度自然、有礼有节

首先，在讨论中求职者要注意自己的态度和语气。不可自命清高，说起话来装腔作势，口若悬河，使别的求职者没有时间反驳或发表自己的见解。这些做法都会给面试官留下傲慢、自私、放肆的印象。

其次，讨论时要以理服人，尊重其他求职者的意见，不能压制别人的发言，更不要全面否定别人的观点，应该以探讨、交流的方式，充分表达自己的观点。即使表达与别人不同的观点时，语言也要相对缓和，要做到既能清楚表明自己的立场，又不令对方难堪。例如：“某某的观点虽然比较全面地分析了……，但是在某些方面还有需要改进的，比如……

同时，当别人发言时，你应该用目光注视对方、认真倾听，不要有下意识的小动作，更不要因对其观点不以为然而显出轻视、不屑一顾的表情，这是不尊重对方，会被面试官认为涵养不够。

二、民航面试的流程

民航面试的流程相对固定，一般流程是：报名——初试——复试——终试——政审和体检。

（一）报名

报名是参加面试的第一步，有的航空公司是现场报名，有的航空公司会安排网申（网络在线申请）。现场报名需要注意的是，一定不要迟到，尽量早点去，如果初试分两天，尽可能在第一天就去参加面试。如果是网申，就一定要看清截止日期，如若没给的话就一定要在初试开始前一天完成网申，同时还要注意航空公司有没有注明网申会不会有“通过审核再面试”的要求，如果有就要等到网申通过后再去现场面试。如果没有，网申报完名之后就可以等初试开始那天直接去现场进行初试。

（二）初试

1. 形象初试

参加初试时，求职者首先要带好个人简历或在面试点填写面试报名表，并按要求准备好合适的照片及相关的证件原件及复印件。一般初试的主要内容会包括求职者的身体测量及自我介绍和形体检查两个项目。

1）身体测量及自我介绍

初试第一步是面试官先收取求职者的相关资料，然后按先后顺序测量求职者的身高、体重，身高体重合格的求职者会发一个面试编号，最后求职者按照10人一组进行面试（见图1-6）。求职者进入面试现场后，面试官会让每一位求职者做自我介绍，介绍的内容主要包括个人的身高、体重、来自哪里、毕业院校、特长、爱好、英语等级水平等。这一

扫一扫

民航面试流程

轮主要是考查求职者的仪表形象和语言表达能力。

图 1-6　航空公司面试场景

2）形体检查

形体检查主要是检查求职者的基本条件是否符合岗位要求，这是航空公司面试时一项非常重要的项目，只有体检过了，才能够进行下面的考核。

形体检查分两步：一是要求求职者在原地进行向左转、向右转、向后转，然后向前伸出双手。这一步主要是检查求职者的脊柱是否挺拔，有无“X”型或“O”型腿，裸露部位有无明显疤痕等。二是检测求职者的视力，主要是看求职者有无色盲、色弱等情况。这一轮面试会当场出结果。如图 1-7 所示。

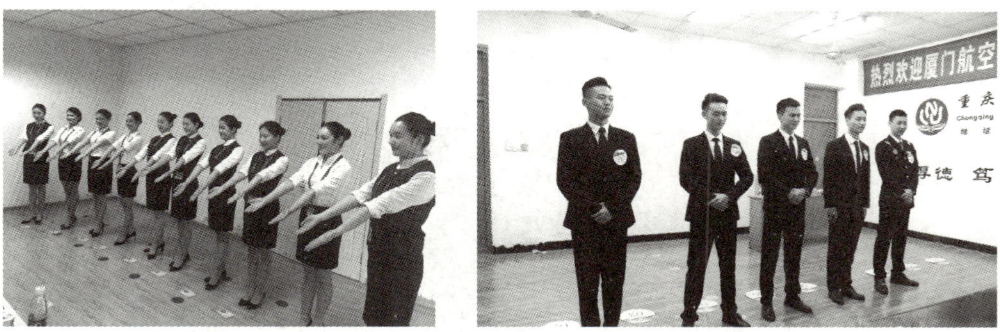

图 1-7　航空公司面试场景

2. 英文口语测试

通过形象初试的求职者可进入英文口语测试环节。英文口语测试的内容主要包括自我介绍、英文口语（问答）及英文广播词朗读等，这一轮面试主要是考查求职者对英文的听、说、读能力，符合招聘公司要求的求职者可进入复试环节。

（三）复试

复试除了中国国际航空股份有限公司会和初试安排在同一天，其他航空公司一般都会安排在第二天或者更靠后，主要看航空公司的效率、面试人的质量和流程安排。复试包括综合复试和问题答疑及心理素质测评两项内容。

1．综合复试

综合复试，一般会采取笔试答题和情景模拟（结构化面试或无领导小组面试）等形式对求职者进行考核。

1）笔试题测试

笔试的内容一般包括专业知识、英语、时事政治、语文、数学、历史、地理等。笔试结束后，航空公司的工作人员会以短信或电话的方式通知求职者是否合格，并告知下次面试的时间和地点。有些航空公司在笔试淘汰一部分求职者后，可能会根据求职者的具体表现加一些其他内容，比如增加心理测试环节，男生还会增加一项体能测试。

扫一扫

民航复试

2）情景模拟

情景模拟是指根据求职者在工作中可能担任的职务，编制一套与该职务实际情况相似的测试项目，求职者需要给出对工作中可能出现的各种问题的处理方式。该方式主要用来测评求职者的心理素质和潜在能力。通过这轮面试的求职者可进入终试。

3）男生体能测试

考虑到男生有时会兼任空中警卫一职，所以有的航空公司还要对男生进行体能测试项目。测试内容包含单杠、双杠、折返跑、3 000 米等。一般测试标准为：单杠 4 个、双杠 7 个、5×10 米折返跑 55 秒（含）、3 000 米跑 17 分（含）等，如图 1-8 所示。

图 1-8　男生体能测试场景

2．问题答疑及心理素质测评

1）问题答疑

问题答疑通常是航空公司考查求职者涉及应聘职位的各方面素质，包括应变能力、观察能力、耐心、责任心、奉献精神、专业素养等。此类题目回答时灵活性较大，基本上没有固定的标准答案，只能根据每位求职者的个人情况进行回答，所以平时要用心积累这方面的知识。

2）心理素质测评

心理素质测评环节主要是考验求职者的心理承受能力和特殊情况的处理能力。常用的方法是提问测试法，但也可能会有题目测试，招飞行员时还可能涉及仪器测试等。求职者对问题的理解力要强、反应速度要快、处理突发事件时要果断，并且还要有一定的心理承受能力。

（四）终试

扫一扫

民航终试

终试是招聘公司领导层对求职者的考查环节，该环节是所有面试环节中最重要的一环。这一环节主要是考核求职者的综合能力、求职者与航空公司之间的契合度，以及航空公司对求职者未来职业发展的初步拟定。

（五）政审和体检

政审是对求职者的政治背景和身体素质情况进行审查。注意事项：如果父母有一些敏感问题，一定要事先去户籍所在公安局开具“无刑事犯罪证明”。体检是按照航空公司安排的体检项目到指定医院做检查。

三、民航面试的特点

在民航相关企业的招聘活动中，面试占据相当重要的地位，因为面试与其他测评方法相比有着无可比拟的优越性，其主要特点如下。

（一）直观性

面试是面试官与求职者进行双向沟通的一项活动，在面试过程中，面试官可以通过观察和谈话对求职者的仪容仪表、言谈举止、沟通能力、心理素质、专业认知、服务意识、应变能力、危机意识与危机处理等综合素质进行考查，从而来判断求职者是否符合招聘岗位要求。同时，求职者也可以通过发问与观察来了解面试官的偏好和对自己面试表现的满意度，从而来调节自己在面试中的行为表现；还可以借此机会来了解应聘单位及职位的一些情况，以此决定自己是否可以接受这项工作。

（二）灵活性

面试是一种很灵活的测评方法，面试的方式和内容可以非常灵活。

一方面，不同的工作岗位，其工作内容、职责范围、任职资格条件都有所不同。例如，同一个航空公司的飞行员岗位和乘务员岗位的工作性质和任职条件是有很大差别的。因此，面试官可以根据不同岗位特点，灵活地采用不同的方式去考查求职者。

另一方面，面试的问题一般是事先设计好的，以供面试官提问时参考。但在面试过程中，并不是对所有求职者都会按照设计好的问题逐一提问（严格的结构化面试除外），面试官可以针对求职者的具体情况来决定面试问题的多少。如果求职者的回答已经充分地显示了某方面的信息，那么面试问题可以适当减少；而如果求职者的回答不足以显示某方面的信息，或者面试官觉得对求职者的有关情况还把握不清，那么就可以多追问求职者一些相关的问题。

（三）互动性

面试官和求职者之间是有互动的。面试中，面试官会随时根据求职者的答题情况或行为举止来变换面试问题或追问方式。同时，求职者的表现时刻影响着面试官的评价，而面试官的信息反馈又会影响到求职者的表现。

（四）测评内容的广泛性

面试能对求职者多方面素质进行有效测评，重点包括以下内容。

（1）求职者的仪表风度。主要考查求职者的体型、外貌、气质、衣着、行为举止、精神状态等。

（2）求职者的专业知识。主要考查求职者掌握专业知识的深度和广度。

（3）求职者的实践经验。主要是了解求职者的责任感、主动性、思维能力、与人沟通能力和口语表达能力等。

（4）求职者的工作态度。一是了解求职者在过去的学习和实践中是否具有良好的态度，二是了解求职者对现在应聘岗位的态度如何。

（5）求职者的事业心和进取心。主要考查求职者有无明确的职业规划。

（6）求职者的求职动机。一般面试官会询问求职者为何希望来本单位工作、对哪类工作最感兴趣、在工作中追求的目标是什么，以此来判断本单位所能提供的职位或工作条件等能否满足求职者对其工作的要求和期望。

（7）求职者的兴趣爱好。面试官一般会侧面了解求职者休闲时间喜欢做哪些运动、喜欢阅读哪些书籍及有什么样的嗜好等，这有利于录用后对求职者的工作安排。

四、民航面试的原则

面试是求职者走向职业生涯的第一步，要闯过面试这道关，对于求职者来说，需要掌握以下基本原则。

（一）实事求是

求职者在回答问题时要实事求是，因为这是为人处事的基本原则，而且实事求是的作答更容易赢得面试官的信赖。即使被问及回答不出来的问题，也要坦诚地承认“不知道”并表示歉意，切不可胡乱猜测或妄加评议。

（二）随机应变

当求职者一人面对众多面试官时，心理压力很大，以致于在作答时可能会出现一些始料未及的情况，这时候求职者能否随机应变、轻松化解是其面试成败的关键。

所以，当遇到这些情况时，不要干巴巴地站着，要学会运用技巧。例如，对于未听清的问题可以请求对方重复一遍或解释一下。对于一时回答不出的问题时，可以请求面试官提下一个问题，等考虑成熟后再回答前一个问题；或者将话题的重点转移到自己精通的知识面上，以此来展现自己头脑灵活、反应敏捷的一面。

课堂互动

（1）一位旅客在航班上丢失了手机，假如你就是航班上的乘务员，该怎么办？

（2）飞机上只剩一份牛肉饭，但两名旅客都想吃，你该如何处理？

（三）自圆其说

在面试中，没有什么是标准答案，只要能自圆其说并言之有理即可。但一定要将发言组织得严密且有层次性，忌胡言乱语，随意编造。

（四）扬长避短

每个人都有自己的特长和不足，无论是在性格上还是在专业上都是这样。因此在面试时一定要学会扬长避短。例如，有些面试官会问你这样的问题：“你曾经犯过什么错误吗？”你这时候就可以选择这样回答：“以前我一直有一个粗心的毛病，有一次实习的时候，由于我的粗心把公司的一份材料弄丢了，领导狠狠地把我批评了一顿。后来我经常和公司里一个非常细心的女孩子合作，从她那里学会了很多处理事情的办法，一直到现在，我都没有因为粗心再犯什么错。”这样的回答，既可以说明你曾经犯过这样的错误，回答了面试官提出的问题，又表明了那样的错误只是以前出现，现在已经改正了。

五、民航面试与其他面试的区别

1. 面试流程不同

民航面试的流程较为模式化，每个环节的考查点相对固定，因此“绝对难度”算不上高，但与普通面试通过平铺直叙的提问方式不同，航空公司为了拉开差距优中择优，会将部分考核点埋的更深、更难抓，面试官不想让你知道的，你无论如何也发现不了。

2. 招聘频次

民航企业招聘不同于某些行业，可以 365 天随时面试随时上岗。一般来说，航空公司每年会在学生毕业季进行 1～2 次大规模的集中招聘，其他时间一般不会进行招聘。也就是说，如果错过了心仪的航空公司面试，很可能就要等明年了。例如，若你心仪的是海南航空股份有限公司，则每年只有三次面试机会；若是中国国际航空股份有限公司，更是一生只有两次面试机会。因此，虽然提倡大家勇敢尝试，但前提一定是要做足准备，争取一击必胜，切勿以练手的心态对待。

3．面试的场合不同

民航面试，无论是结构化面试还是无领导小组面试，求职者所要面对的人除了面试官外还有其他同岗位竞争者，这样的面试形式让人有很大的心理压力，因过度紧张遗憾错失机会的同学不在少数。而一般的面试大都是一对一进行面试，面试官和求职者的压力都不会特别大。

第三节　民航面试的禁忌与误区

案例导入

学会规避面试禁忌——小梦真的做好了面试的准备吗？

小梦是一名即将毕业的航空服务专业的大学生，得知自己心仪已久的一家航空公司在招聘空中乘务员一职，她认真准备了一份简历并投递给该公司。若干天后，她接到了该航空公司的 E-mail 面试通知。

面试当天，小梦早早地起床开始打扮，她穿上了刚买的花色连衣裙和黑色丝袜，搭配上自己喜爱的小短靴，画了精致的妆容；又反复地背了几遍自己准备好的应试模板。一切就绪之后，她高高兴兴地按时来到面试地点参加面试。

开始面试时，小梦非常注意自己的仪态。在与面试官交流时，她双腿并拢，坐姿优雅端庄；回答问题时也非常地从容、自信。因为她准备的很充分，面试官的问题几乎都是她早上准备好的内容，她按照自己背的模板顺畅流利地回答着面试官提问的问题。面试结束后，面试官让小梦回去等消息，小梦礼貌地与面试官说了再见并离开。过了几天，小梦接到通知说她没有通过初试，她非常的不解。

思考：小梦没有通过初试的原因可能有哪些？她应该怎样改进？

求职者想要面试成功，不仅需要积累专业知识、锻炼口才和培养心理素质，还需要了解一些面试时常见的误区和禁忌，以免陷入误区或违犯禁忌。本节将集中讲述面试时求职者应注意的禁忌和误区，从而使求职者能在面试时自如应对或避免此类问题。

一、民航面试的禁忌

民航服务人员必要的特质是大方、自信、温暖、积极和稳重，在面试时可通过得体的着装和恰当的言行举止来凸显自己适职的优势，切不可出现以下禁忌行为。

（一）忌浓妆艳抹

去参加民航面试时，切勿浓妆艳抹，因为航空公司对于皮肤的要求比较严格，面试官更希望看到的是求职者的素颜或者淡妆。

当然，航空公司对求职者的形象是有一定要求的，因此建议求职者在面试前的一段时期内，一定要注意饮食，切忌食用生冷、辛辣以及刺激性强的食物，以保证在面试时有良好的皮肤状态；同时，要保持充分良好的睡眠，从而以饱满的精神状态迎接面试。

（二）忌奇装异服

有的求职者为了标新立异，梳着奇怪的发型，穿着怪异或者过分暴露的服装，这都是不可取的。因为面试官更希望看到的是大方得体的打扮，能够展现一个人的朝气而非俗气。因此，求职者在准备面试服装的时候要合身得体。男生建议穿浅色衬衣，打领带，深色长裤；女生建议着浅色收身职业套装，如图 1-9 所示。

图 1-9　得体的面试着装

（三）忌无故缺席或迟到

求职者千万不要随便缺席，如果你真的无法赴约，最好事先告诉面试官，让他们来得及递补另一名求职者或另行安排面谈的时间。另外就是不要迟到，因为面试官可能会认为你有迟到的习惯，对工作想必也是拖拖拉拉。因此，为保险起见，最好比约定时间提前 15 分钟到场，以便有充分的时间做准备。

（四）忌在技术、经历和知识方面撒谎

为了能尽快获得一份工作，很多求职者在面试时常会过多的杜撰自己，甚至作为应届毕业生也向面试官说谎说自己有工作经验，这都是不可取的。其实，应届毕业生没有工作经验是很正常的，企业愿意招收应届毕业生，说明企业愿意去培养新人，你没必要去说谎。其实有经验和没经验面试官可能通过一两个问题就能识别你说的是真是假，如果你说谎了，到时候局面一定会弄的很尴尬，所以面试时一定不能说谎。

（五）忌态度消极、悲观

一般面试官都喜欢富有活力、积极乐观，凡事正面思考的人，这样的人也因工作观念正确、团队合作意识强而深受企业青睐。所以如果在面试时一直持着消极的态度，或者不停地发牢骚和抱怨，此次面试注定失败。

（六）忌对自己的职业生涯无规划

职业生涯规划是指在分析、测定职业生涯主客观条件的基础上，对自己的兴趣、爱好、能力、价值观、职业素质等进行综合分析与权衡，确定最佳的职业奋斗目标，并为实现这一目标做出行之有效的安排。简单地说，职业生涯规划就是对整个职业经历进行规划。

很多社会新人都不知道自己十年、二十年后能有何进展，即使是工作经验丰富的上班族也还在努力“认识自我”，虽然如此，求职者在面试时，还是要表现出对未来生涯有规划，并清楚知道自己未来的方向，尽量面面俱到，以自信的口吻向面试官说出自己的生涯规划，并适度表现出进取心。

案　例

没有规划的人生注定要失败

小张从河南某高校中文系本科毕业一年多，但一直“高不成低不就”，因为在这一年多来，她换了五六份工作也没能稳定下来。有时在新岗位上刚呆两三天，她就觉得“前途不明朗”而放弃。家长劝她再坚持一下，等过了试用期依然觉得不合适再另作打算也不迟，却被她一口回绝。在不同岗位之间辗转使得小张身心俱疲。“找份工作怎么这么难！”小张感叹说。

某天，小张获悉了一则研究生开始报名的消息，她又动了心思，她想通过考研来逃避当下的就业压力。她说：“研究生出来找工作肯定比现在好些。”至于要考哪个方向、哪所大学，小张依然一头雾水：“再说吧，找个好考的。”显而易见，她最终考试落榜。小张又陷入了找工作的迷茫期。

直到后来，当她看到一则有关职业规划的资料后，她才意识到自己的迷茫是源于自己没有明确的职业规划，她始终都不清楚自己想干什么，想得到什么。最终，她决定静下心来认真思考一下自己的职业规划，明确自己奋斗的目标。

她说："如果我毕业前就做好自己的职业生涯规划那该多好，也不至于让自己迷茫这么久。在此，我想提醒那些尚未进入职场的大学生：做好自己的职业生涯规划很重要，如若不然，必定会走很长的弯路。"

二、民航面试的误区

（一）答非所问、喋喋不休

求职者在回答面试官的问题时，一点要有针对性，要围绕中心思想进行回答。如果你的回答让面试官听得一头雾水，那此次的面试肯定要搞砸，因为面试官没有时间去猜测你到底想要表达什么。一些华而不实的言语或是太过冗长的答案，亦或是答非所问都是面试的致命伤。所以，在回答面试官的问题时，建议大家在思路梳理好后再作答，把你理解的东西深入浅出、流畅顺利地表达给面试官听。

为了避免求职者的答案太过冗长或答非所问，在这里建议大家从以下几个方面作答。

一是要有逻辑性。这里的逻辑性不仅仅是第一，第二，第三这样的逻辑引领词，更是整个答题的逻辑框架，我们可以按照是什么——为什么——怎么办的逻辑进行答题，同时在回答每个逻辑层次的内容时过渡要自然，不能太生硬。

二是要善用例子。用自己看过的新闻、自己及家人的经历为例子引入，这些例子可以体现出你是一个善于观察、善于思考的人，同时也能体现出你的情感与温度，从而在答题的思路和内容方面展现出自己的与众不同，这样才能让面试官记住你，从而才会有一个不错的分数。

三是规范语言。民航面试是一个专业性很强的面试，如果求职者在回答问题时，用到的语言都是规范化的术语，会让面试官感觉你非常专业。

（二）精神萎靡、不自信

有不少求职者在面试时非常的紧张，以致于在回答面试官的问题时声音太小，最终导致面试官压根听不到你在说什么；再者，由于极度的不自信，坐到座位上呈瘫状，无意间总会叹气，两眼到处乱飘，不敢直视面试官；这些表现会让面试官觉得你是一个容易紧张焦虑且不成熟、不自信的人，从而导致面试失败。

面对这种情况，给大家两条建议：一是多看看新闻联播的节目，观察下主持人在新闻播报时的表情和语态，或者观看一些面试成功的视频，看别人在言语表达时呈现出的状态，并对表现优秀的地方进行学习；二是进行模仿训练，如果是在家的话，可以让家人帮忙查看自己的表现有哪些不足之处，然后进行改进；如果条件允许，还是需要进行模拟训练，因为在模拟过程中可以有专业的老师帮助你纠正错误，从而提高你的面试成功率。

（三）死记模板、套路化

面试是双向沟通的过程，求职者在面试环节要回答问题、也可提问问题，但不管是回答还是提问都不要死套模板，因为死套模板虽然不会出错，但是展现不出你自己的独特性，那么，你的这场面试就是失败的。

所以，在这里建议大家在回答问题时，一是要在题目中找准问题的关键词，不同关键词会有不同的表述、不同的作答方向；二是可融入自己的学习生活经验、实习经历等，确保作答内容的针对性，避免套路化。

在提问问题时也不能太盲目，要提问一些面试官有的说或者能够让双方进行探讨的问题。例如，目前这个职位最紧要的任务是什么？如果我有幸加盟贵公司，您希望我三个月完成哪些工作？这个问题就可以让面试官有话可说。

相关数据显示，面试中面试官讲话时间的占比越高，面试的成功率就越高。因为他愿意把公司展现给你，表现出来的自然是一种欢迎的态度。反之，如果他只是一味地听你说做自我介绍，听你讲你之前的工作经验，那你成功的几率将会大大降低。

（四）蜻蜓点水、没有深度

求职者在回答问题时可能会蜻蜓点水、没有深度。具体表现在内容展不开、中心思想不明确、论述不够深刻、措施不够具体等。面对这种情况，给大家两条建议：一是平时多关注政治、经济、科技、文化等新闻，多阅读一些优秀文章或图书，以增加知识储备；二是整理一些常见的面试问题及解析，多思考多总结。

三、民航面试的常见错误

在面试中，没有人能保证不犯错误。但聪明的求职者会从别人的错误中吸取经验教训，从而提升自己，让自己少犯错误。下面介绍的是求职者在面试时常见的一些错误。

（一）不善于打破沉默

面试开始时，求职者不善于打破沉默，而是等待面试官找话题，结果使面试出现冷场的局面。或者即便能勉强打破沉默，语言语调也极其生硬，结果使场面更显尴尬。因此，求职者平时应多学习一些沟通技巧，从而在面试时取得良好的沟通效果。

（二）与面试官套近乎

具备一定专业素养的面试官大多都非常忌讳求职者与自己套近乎，因为面试时双方关系过于随便或过于紧张都会影响面试官的判断。此外，过分套近乎亦会在客观上妨碍求职者在短时间内做好专业的陈述。聪明的求职者可以列举一至两件有根有据的事情来赞扬招聘单位，从而表现出对招聘单位的兴趣即可，不可一味地套近乎。

（三）举不出例子

当面试官让求职者谈谈自己具备哪些能力或曾取得过什么成就时，有的求职者便大谈个人成就、特长、技能。当面试官反问："能举一两个例子吗？"求职者便无言应对。而面试官恰恰认为：事实胜于雄辩。面试时求职者要想以其所谓的沟通能力、团队合作能力、领导能力等取信于人，唯有举例。

（四）假扮完美

面试时面试官常常会问求职者：你觉得自己性格上有什么弱点吗？你在生活或学习过程中受过挫折吗？有的求职者会毫不犹豫地回答：没有。其实像这样的回答常常是对自己不负责任的表现。人无完人，没有人没受过挫折。只有充分认识到自己的弱点，承认自己所受到的挫折，才能让人感觉更真实。

四、民航面试中棘手情况的处理

（一）说错话

有的求职者由于精神紧张或其他原因，在回答问题时会出现一些口误或用词不当等错误，这是在所难免的。经验不足的求职者碰到这种情况，往往懊悔万分、心慌意乱，说话也语无伦次。有些求职者发觉自己说错话后会停下来默不作声或伸舌头，这些都是不成熟、不庄重的表现。

明智的应对办法是保持镇静。假如说错的话无碍大局，也没有得罪人，可以若无其事，继续沉着地回答下面的问题。因为面试的时间很短且非常宝贵，如果因为一点点小错误就影响了自己的情绪，可想而知，必然会影响后面的回答，那就得不偿失了。因为一个单位不会因一次小错误而放过合适的人才。

但是，假如说错的话比较重要，或会得罪别人，就应该在合适的时间更正并道歉。求职者可以说："对不起，刚才我由于太紧张，好像讲错了话，我的意思是……不是……请原谅。"勇于承认错误，并弥补自己的过失需要很大的勇气，面试官通常会欣赏有错必改的求职者。

（二）太紧张

有的求职者在面试时过于紧张，以致于回答问题时磕磕绊绊或越说越快，更有甚者全身发抖。如果在面试时出现此类情况，可以通过以下方式缓解。

（1）礼貌地大声说话。一般情况下，当人在大声说话时，紧张的情绪会得到缓解。

所以当你走进面试教室时，一进门，你就强迫自己向在座的面试官响亮地打声招呼：“你们好，我是几号选手”。这样既表示了你的礼貌，又可以缓解自己紧张的情绪。

（2）放慢讲话速度。当人紧张时，说话可能会结结巴巴或越说越快，这时紧张感就会加剧。此时，最好的办法就是控制自己说话的速度，速度放慢了，心情也不紧张了。

（3）每句话说得清楚明白。紧张时，容易使语言含糊，给人一种有气无力的感觉，如果你反其道而行之，加重发音，说的缓慢且响亮，也会有助于消除紧张。

（4）适当的自嘲。特别紧张时，不妨自嘲一下，说出自己的感受，可使自己变得轻松些。而且一般情况下，当求职者说她有些紧张时，面试官都会适当地给予鼓励，这样你的紧张情绪也会逐渐消失。

（5）面试时，如果求职者的眼睛直盯着面试官的双眼的话，自然会使自己感到紧张，但如果低着头或东张西望，又给人一种不沉着的感觉，最好的办法是：面对面试官坐下后，脸对着面试官的眼睛，但目光却落在面试官的额头上，这样既可以给人一种专心听讲的良好印象，又会使自己的紧张情绪得以缓解和消除。

（三）遇到熟人

当遇到面试官是熟人时，只要以点头、微笑等方式与之打个招呼即可，其他方面应维持对所有面试官一样的礼貌，不可有过分之举。这样做既避免了别人胡乱猜忌而影响面试的进行，又可使自己的水平得到充分、真实的发挥。

复习与回顾

一、问答题

1. 民航面试的形式有哪些？
2. 无领导小组面试的应对策略有哪几点？
3. 简述民航面试的流程。
4. 民航面试时的禁忌事项有哪些？

二、分析题

单位领导叫你同他一起到另一个目的地处理一件特别紧急的事，当你刚赶到乘车地点时，你发现领导已经出发了，此时你会怎么办？

三、情景模拟

材料背景：

某年冬天，八名游客乘坐一架游艇出海，就在快到达目的地时，游艇遭遇了触礁，导致游艇舱内不停地进水。相关部门派了一架直升飞机前去救援，但是一架直升飞机每次只能救一个人。如果你是部门领导，你会安排机长按照什么样的顺序对八名游客进行营救？游客情况如下：

（1）将军，男，69 岁，身经百战。

（2）外科医生，女，41 岁，医术高明，医德高尚。

（3）大学生，男，19 岁，勤俭节约，获得过国际奥数奖。

（4）大学教授，50 岁，正主持一个科学领域的项目研究。

（5）运动员，女，23 岁，奥运金牌获得者。

（6）经理人，35 岁，擅长管理，曾将一家大型企业扭亏为盈。

（7）小学校长，53 岁，男，劳动模范，五一奖章获得者。

（8）中学教师，女，47 岁，桃李满天下，教学经验丰富。

请将这八名游客按照营救的先后顺序排序。

任务要求：

请大家根据上述材料进行无领导小组讨论面试情景模拟（3 分钟审题，1 分钟自我观点陈述，15 分钟小组讨论，2 分钟总结陈词）。

实施步骤：

（1）教师组织学生分组，每组 8 人。

（2）8 名学生扮演面试者，围成一圈相向而坐，模拟无领导小组讨论面试。

（3）一个小组在模拟面试时，其他小组要认真观察，并做好记录。

（4）模拟结束后，小组进行分析讨论。

（5）每组派出一名同学上台总结模拟结果。

第二章

民航面试前的准备工作

知识目标

- 了解民航面试前需要准备哪些信息，以及获取信息的方法。
- 掌握简历和求职信的主要内容及撰写要点。
- 了解面试前状态调整的方法。
- 掌握知识学习与积累的方法。
- 了解模拟机舱演练的必要性。
- 掌握模拟机舱演练的内容与方法。

能力目标

- 能搜集面试前所需要了解的相关信息并合理利用。
- 能撰写符合自身实际的简历和求职信。
- 能通过模拟演练不断提高自身能力。

素质目标

- 培养良好的心理和健全的人格。
- 树立自主学习和终身学习的理念。
- 树立正确的择业观，增强就业竞争意识。

民航业属于近年来的热门行业，用人单位在招聘时常常会遇到很多求职者同时竞争一个岗位的局面。因此，求职者若想从众多竞聘者中脱颖而出，必须要做好充分的准备，正所谓知己知彼，百战不殆，唯有做好充分的准备，才能够在面试时从容应对。

本章将重点阐述求职者在面试前需要准备哪些内容。

第一节　民航面试前的信息准备

案例导入

态度决定成败——做好准备再参加面试

小刘是一名空乘专业的学生，毕业时她选择了某航空公司的乘务员岗位作为自己的求职目标。为了能够顺利应聘，她决定利用招聘会前半个月时间做一下准备工作。在接下来的时间里，她对招聘单位的背景、应聘岗位的职责及面试的常规内容做了详细的调查，制作了一份简历和一份求职信，整理了各类资格证书和成绩单，并温习了相关的知识和技能。最后她在招聘会上应对自如，击败了众多学历高于她的竞聘者，拿到了公司的录取通知。

分析：在众多求职者中，小刘不是最优秀的，但却能够率先突围，无疑是因为她做的准备工作比较充足。由此可见，招聘单位在选拔人才时看重的不一定是求职者的学历，而是其对待这场面试的态度。

面试前要做好招聘单位的背景、招聘岗位的职责和任职要求，以及面试的常规内容的调查工作，并归纳整理相关信息。若事先对这些信息一无所知或知之甚少，在面试时就很容易处于被动境地。

一、做好招聘单位的背景调查

（一）招聘单位背景调查的必要性

扫一扫

招聘单位背景调查的必要性

对于求职者来说，不仅要了解行业的发展现状和发展趋势，还要了解招聘单位的背景信息。因为在面试时，面试官经常会问一些与招聘单位相关的问题。比如，你对我们公司有哪些了解呢？你为什么来我们公司应聘？你对我们公司提供的工作有什么要求吗？对于此类问题，虽然没有什么标准答案，但是求职者如果没有对招聘单位的背景进行过调查，就很难找到切入点去回答。相反，如果求职者对招聘单位的背景进行过调查，就能够依据招聘单位的客观实际侃侃而谈，这无疑是一场面试中的加分项。

另外，对招聘单位进行背景调查，还会减少你应聘的盲目性，从而减少你被录用以后可能产生的心理反差。

课堂互动

假设你是面试官，面试开始后，你按照事先准备好的问题提问求职者，其中有一道题的题面是：你对我们公司有哪些了解呢？你为什么来我们公司应聘？

思考：对于该问题，你希望听到什么样的回答呢？

（二）招聘单位背景调查的内容

面试前对招聘单位背景进行调查，其核心目标是为取得面试成功获取尽可能全面的信息，这些信息一般包括以下内容。

（1）招聘单位的企业文化、成立时间、公司规模、机队组成（全波音、全空客、波音空客混合）、机型、发展前景和现阶段企业实力，以及在整个行业中的排名或者在整个社会经济结构中所占的地位等。

（2）招聘单位的人员结构，如年龄结构、专业结构、员工稳定性及人际关系等。

（3）招聘单位相关的最新新闻报道。

扫一扫

招聘单位背景调查的内容

案　例

身为某航空公司乘务长的李先生对自己8年前的第一次面试记忆犹新。

当时，李先生面临的就业压力并不大，但他还是早早地为面试做好了充足的准备。无论是求职信、个人简历，还是自己的着装，他都请教了很多人。而且，他事先也调整了自己的心态，让自己放松心情。

面试前 30 分钟，李先生的表现令所有在场的面试官都非常满意，但就在面试将要接近尾声时，一名面试官的一个问题把李先生问懵了。面试官说：“李先生，我看你事先做了很充分的准备，说明你对我们公司和这份工作是比较重视的。那么，请你来说说我们公司的企业文化吧。”李先生一脸尴尬地说：“对不起，这一点我还没来得及关注……”面试官微微一笑，然后说：“好了，李先生，你可以走了。”最终，李先生的第一次面试失败了。

（三）招聘信息的获取方法

当今时代，大量信息可以无障碍快速传播，谁掌握了全面的第一手信息，谁就等于掌握了择业的主动权。那么，怎样才能及时有效地获取招聘信息呢？在这里给大家列出几种方法以供参考。

1．各航空公司的官网和公众号

在互联网发展的新时代，各个单位一般都有自己的官网、公众号或论坛。这些网站上大都发布有公司的简介，包括公司的发展历史、经营状况、资产规模、业务范围、招聘岗位及要求等信息。求职者可以直接登录这些网站来获取招聘信息，这是目前招聘中最正规，最准确的途径。

2．招聘网站

网上招聘已成为一种潮流，越来越多的航空公司除了在官网或公众号上发布招聘广告，还会在以下网站上发布招聘广告。例如，民航招聘（https://job.carnoc.com/）、前程无忧（www.51job.com）、中华英才网（www.chinahr.com）、智联招聘（www.zhaopin.com）、航空院校招生网（http://flight11.bjxd-jh.cn/Home/Index）等。

扫一扫

获取招聘信息的方法

3．各高校的就业指导中心

学校的就业指导中心是毕业生就业的重要主管部门，与中央有关部委和各省市的毕业生就业主管部门以及有关招聘单位有着密切的联系，能及时掌握国家和地方的有关就业政策规定、各地举办的“双选”活动等信息。他们提供的信息无论是数量还是质量，都具有明显的优势，因此高校的就业指导中心是广大毕业生获取招聘信息的有效渠道之一。

4．人才招聘会

一般航空公司会在每年的 5～6 月份大量招聘人才。这段时间，用人单位会在各地方的人才交流中心、各学校或单位内部举办规模不等、形式多样的人才招聘会（见图 2-1），这类招聘会往往具有信息量大、针对性强等特点。因此，对于想进入民航企业的大学生来说，通过人才招聘会可以获取招聘信息。

图 2-1 企业专场招聘会

5．社会关系网

通过社会关系获得招聘信息是最传统的获取信息的途径。中国是一个人情社会，在就业市场上，许多单位也常会通过熟人推荐的方式招聘员工。因为熟人推荐的人一般比较可靠，用人风险低，而且招聘成本也相对较低，可谓是一举多得。

一般来说，可以为毕业生提供招聘信息的社会关系有：① 家庭成员和亲戚；② 父辈的同学、同事及朋友；③ 老师、校友等。

课堂互动

（1）如果你将要参加一个航空公司的面试，你会提前了解哪些信息呢？

（2）能够获取民航企业的招聘信息的渠道多种多样，你还知道其他渠道吗？

二、了解应聘岗位的岗位职责和任职要求

求职者在去应聘某岗位之前，一定要先了解清楚应聘岗位的岗位职责和任职要求，只有弄清楚这些，才能够客观地判断自己是否能够胜任该项工作。

（一）岗位职责和任职要求包含的具体内容

几乎所有招聘单位都会在招聘信息中对所要招聘的岗位职责进行概括性地描述，描述内容一般包括工作内容、工作性质、工作任务、工作职责与权限等。换句话说，岗位职责描述既是对求职者提出具体的工作要求，也是向求职者描述该岗位所需要完成的任务，以及应当承担的责任范围。

此外，招聘单位还会在招聘信息中列出招聘岗位的任职要求。所谓任职要求，是指具备完成该岗位工作内容所要求的最低任职资格，以及在此基础上还应具备的行为能力与基本素质。行为能力包括基础知识、专业技能和相关经验等；基本素质是指求职者的个性特点、兴趣爱好、价值观、人生观等。

（二）了解应聘岗位的岗位职责和任职要求的作用

首先，请大家思考一个问题：公司为什么要聘用我们，给我们发薪水呢？

其实，是因为我们可以帮助公司解决问题，这也是我们作为一个劳动者的根本价值。换句话说，当我们在面试时没有展现自己拥有解决问题的能力时，面试的通过率就会很低。

那么，我们要为公司解决什么问题呢？

这个问题的答案可以在公司发布的岗位职责和任职要求中找到。因为每一个岗位说明的发布都是经过公司内整个人力资源部门的精心思考作出的描述，这些文字凝聚着这个岗位最核心的能力需求。

知识链接

下面是一则关于上海吉祥航空股份有限公司招聘空中乘务员的招聘广告，请大家认真阅读后，试着与自身的情况做对比，看看自己能否胜任这项工作。

岗位职责：

机舱乘务员的主要职责是确保机舱安全，其职责包含但不限于以下内容：

（1）遵守法律法规和公司政策，按照公司手册程序开展工作，保障机上乘员安全。

（2）服从机长、乘务长管理，向机长、乘务长汇报，保持与机长、乘务长和机舱机组成员之间的沟通。

（3）要求旅客遵守法律法规、公司政策和机组指令，维持机舱秩序，协助机长和空中保卫人员做好安全保卫工作。

（4）在满足和确保安全的前提下，可以为旅客提供适当的服务。如遇有颠簸或其他不正常、不安全的情况，机舱乘务员可以调整、删减服务程序，或不提供服务。

（5）收集旅客反馈信息、航班运行中的信息和机舱设备信息，并向乘务长汇报。

（6）处置机舱内各种不正常情况。

任职要求：

1．基本要求：

（1）国家教育部承认的大专及以上学历毕业，专业不限，中共党员及具备优秀技能者优先考虑。

（2）普通话标准，具有较强口头表达能力，性格开朗，善于与人沟通。

（3）具备一定外语水平（有良好的听、说能力），英语、日语、韩语优先。

（4）热爱民航事业，遵纪守法，无不良行为，符合《民航招收空勤乘务员政治条件》的规定。

2．年龄与身体要求：

（1）年龄：18～30周岁；有乘务员飞行工作经历人员，年龄可放宽至35周岁。

（2）身体健康。无任何慢性疾病、传染病、久治不愈的皮肤病、精神病家族史、遗传病史、癫痫病史。

（3）五官端正、肤色健康、身材匀称。

（4）无口吃、晕车、晕船史。

（5）无明显“O”型或“X”型腿，无骨骼与关节疾病。

（6）身体暴露部位无明显疤痕或斑点、无狐臭。

（7）身高体重要求。

女性：身高162～175 cm，体重：［身高（cm）−110］×90%～［身高（cm）−110］；

男性：身高173～185 cm，体重：［身高（cm）−105］×90%～［身高（cm）−105］。

（8）视力要求。

任何一眼未矫正远视力不低于 0.7（环形视力表）。如视力经过屈光性角膜手术矫正，面试时还需携带手术病历（并非诊断证明）；无斜视、无色盲。

三、了解面试的常规内容

（一）仪表形象

仪表形象是指求职者的体型、外貌、气色、行为举止、精神状态等。航空公司要求求职者体型优美、仪表端庄、举止得体，如图 2-2 所示。因为研究表明，一个注重仪表形象的人，其做事一般都很有规律，并且责任心强。

图 2-2　航空面试仪表形象考查

（二）表达能力

表达能力的考查主要从两方面进行，一是查看求职者是否能将自己的思想、观点、意见或建议顺畅地用语言表达出来，二是考查求职者语言表达的逻辑性、准确度、感染力、音质、音色、音量、音调等。

（三）专业知识

专业知识的考查主要是为了了解求职者掌握专业知识的深度和广度，然后，以此来判断求职者是否符合岗位的任职要求。

（四）综合分析能力

综合分析能力主要是考查求职者对面试官所提出的问题理解的是否透彻、分析的是否全面、表述的是否清晰。

（五）团队协作能力

团队协作能力是考查求职者是否有与他人合作的精神，是否有理解他人并互相尊重的素质和健康的竞争理念。

随着各种知识、技术、设备、产品不断推陈出新，人们在工作中所面临的情况和环境越来越复杂。在很多情况下，单靠个人能力已经很难完成对各种错综复杂问题的处理。大家必须相互依靠、共同合作，才能解决这些问题。

（六）应变能力

应变能力主要考查求职者对于突发事件的反应是否敏捷，对于意外事件的处理是否得当等。

知识链接

在中国民用航空局的面试中，考查应变能力的真题及解析

高考期间，为了给学生营造安静的考试环境，交通部门对考场周围道路进行交通管制，但一些家长仍不放心，当路拦车禁行，导致交通阻塞。作为当地交警，你怎么处理？

【参考答案】

高考期间对考场周围路段进行交通管制，在一定程度上保证了考场安静，是关爱考生、维护考生权益的利民举措。但一些家长仍不放心，当路拦车禁行，他们这种焦虑的心情我可以理解，但是现场的混乱必须马上控制住。我会立即采取有效措施，既要保证考场安静，又要维护交通运行。

首先，平复滞留车主的情绪。我会安排一些同事向等候的车主说明前方考场外家长拦路的情况，向大家保证尽快恢复通行，请大家稍安勿躁，不要鸣笛。

其次，制止拦路家长的错误行为。我会在尊重这些家长、理解他们焦虑心情的基础上，晓之以理动之以情，认真劝说：先告知他们，拦路行为会造成交通拥堵，而如果拥堵的车辆鸣笛，反而会扰乱了考场安静，这与他们的初衷相违背；再向他们解释本次交通管制的有效措施，交通部门通过对考场周围路段实施禁鸣、禁停、限速、禁行等措施，最大限度地保障考场安静，而且卓有成效；最后明确拦路行为不仅会对他们自身造成极坏的影响，更扰乱了公共秩序，妨害了公共安全，是违反法律的。通过这样的有效沟通，希望可以促使这些家长冷静下来，撤离公路。如果劝说无效，我会联系同事，强制执行，恢复交通通畅。

最后，我会将情况如实反馈给领导，并针对出现家长拦路的现象提出如下建议：

（1）在现有交通管制措施的基础上，加强对通往考场的外围道路的管理和巡防，及时清理违停车辆和违章堆物。

（2）成立机动小组，在考场周围易堵路段待命，严防由于恶劣天气、交通事故等意外情况影响考生考试。

（3）同建设局等部门合作，劝说周边工地，让他们尽量不在考试期间施工。

在这次高考期间内，我和同事们一定会密切注意考场周围情况，提高工作效率，在保证考场安静的同时，尽量减少对道路通行的影响。

第二节 面试前的材料准备

案例导入

化繁为简，突出重点——一份引发网友争议的博士简历

近日，一名 36 岁、读博 8 年的博士毕业生为了展现自己的才华，向某公司投递了一份长达 20 页，约 2 万字的求职简历。在简历中，他描述了其过往的经历及在专业领域取得的成就。这份简历格式规范、内容详细，但却让公司的 HR 非常头疼。因为该简历中包含着许多非专业人士无法理解的符号。

HR 针对此事在某职场论坛上发表了一则消息“找了一个博士，36 岁才毕业，博士读了 8 年，简历写了 20 页，起码 2 万字，内容包含一堆数学符号，这种人是不是读书读傻了？”

消息一出，网友们议论纷纷，有网友表示：其实并没有什么不妥的，想必他想找的是能够欣赏他才华的公司吧！还有网友表示：抛开学历不讲，作为一名求职者，应该以一种简洁、通俗易懂的方式介绍自己，让对方明白你的目的，如果简历太长、太专业而导致对方无法看明白，那这份简历就是失败的。

思考：对于这位博士生的简历，你有什么看法呢？

对于应届生来说，找一份工作需要经历四步。

第一步：查找招聘信息。

第二步：投递简历、求职信及其他相关材料。

第三步：通过材料审核，参与招聘单位组织的面试。

第四步：通过面试、体检、政审、培训，然后签订劳动合同，最终入职录用。

其中，制作一份高水平的简历和求职信并能够有效投递是成功求职的开始。因此，面试前必须做好简历、求职信及其他相关材料的准备。

一、简历

在撰写简历之前，我们必须要搞清楚两点，简历是什么？简历的目的是什么？只有弄清楚这两点，我们才能知道一份简历要写什么内容、要写多少页、要注意什么事项等。

简历是一个人生活、学习、工作的经历和成绩的简短集锦，也是求职者自我评价和认定的主要材料。其真正目的就是让用人单位全面了解自己，从而为自己创造面试的机会。简历是用人单位对求职者的第一印象，是用人单位对求职者进行分析、比较、筛选，决定是否录用的主要依据。

案 例

不一样的简历会得到不一样的对待

现代企业筛选人才一般通过两个途径，一个是网上筛选简历，另一个是现场招聘会。无论是网上的还是现场的，有一样东西都不能少，那就是简历。简历对一个求职者来说有多重要呢？

举个例子：Microsoft 一年要招 4 000 名员工，可负责招聘的人每年都要访问 130 多所大学，要看 20 万份简历，然后进行超过 1 万次的面谈，才能确定这 4 000 人。

也就是说从 20 万份简历选出 4 000 个，概率只有 2%，剩下 98%的人都要被淘汰！

由此可见，求职者一定要将自己的简历制作的别具特色，让筛选简历的人耳目一新，才能够为你带来一次面试机会。

（一）简历的主要内容

制作简历时应该写哪些方面的内容或者应该按照怎样的顺序来写是没有硬性规定的，求职者可以根据招聘单位的要求或个人的具体情况来决定写什么及怎么写。但是，一份成熟的简历通常会包括个人信息、求职意向、教育背景、实习经历、专业技能、外语水平、获奖情况、自我评价等内容。

扫一扫

HR 如何筛选简历

1. 个人信息

个人信息的主要作用是能够让 HR 知道这份简历是谁的，如果对这位求职者感兴趣并且想联系他（她）的话，能够很容易地找到其联系方式。

根据每个人的不同情况，个人信息分为必要信息和可选信息。

- 必要信息：姓名、性别、年龄、身高、体重、联系方式（电话、手机、电子信箱、通信地址、邮编）。
- 可选信息：籍贯、民族、政治面貌、最高学历、照片等。

一般来说，个人信息介绍得越详细越好，但是要有条理地逐条罗列，每条内容用一两个关键词概括说明即可。

2. 求职意向

求职者一定要在简历中写上自己的求职意向，表明自己想要从事的具体工作。切记，一份简历只能有一个求职意向，如果你有多个职业目标，最好分别撰写不同的简历。而且还要注意，千万不能把求职意向描述的模棱两可，让 HR 不能够判断你是否适合该职位。比如写自己既能够担任空乘，又能够担任地勤，这是不可取的。

优秀的求职意向撰写实例：

- 求职意向：空乘岗位，具备良好的沟通能力，不怕吃苦，做事认真细致。
- 求职意向：空中安保，具有良好的身体素质，同时，还有丰富的安全常识、良好的心理素质和解决矛盾冲突的能力。

3. 教育背景

对于应届生来说，教育背景是简历中一个很重要的信息。在写教育背景时，一般是按照时间逆序的写法来写。也就是说，最近的学历要放在最前面，即如果你现在即将本科毕业，那么要先写本科再写高中，且每一段学习经历的起止时间需要衔接，让 HR 能够很直观的看到你接受教育的成长轨迹。

在应届生的简历中，教育背景一般也包括必要信息和可选信息。

- 必要信息：时间段、学校、学院或专业、学历、学位等。
- 可选信息：主修课程、辅修课程、成绩排名等（课程不易列太多，三四门即可）。

4. 实习经历

实习经历是简历中的重要内容，招聘单位一般都很看重求职者的实践能力与工作经验。但是对于即将踏入社会的应届生来说，只有一小部分学生有实习经历，而大部分学生通常是没有实习经历的，或者过去的实习经历和应聘岗位无关。那么在写实习经历这一栏时，对于有实习经历的学生来说，可以写自己实习期间曾做过什么工作、工作中扮演的角色是什么及取得了哪些成果。而对于没有实习经历的学生来说，则可以写你在校期间曾经做过什么、正在做什么及未来打算做什么等内容。

课堂互动

回顾一下你曾经有过哪些方面的工作或实习经历，试着说说你在这份工作中担任的角色、工作的内容及得到的收获。

5. 技能

技能包括硬技能和软技能。硬技能是指通过正规教育学到的专业知识和专业技术，软技能是指你的组织能力、沟通能力、分析能力及团队合作能力等。

求职者在写自己拥有什么技能时，一般都是结合自身的教育背景、实习经历、培训经历及其他经历等具体事例来写的。

6. 职业资格证书

列出自己获得的所有与民航服务行业相关的或得到专业组织认证的材料。例如，航空服务资格证书、空乘资格证书、安检资格证书、普通话等级证书、英语等级证书、雅思 5.0 分以上证书等。如果成绩不错的话，建议写出成绩，但如果成绩没有绝对优势的话，就没有必要写出成绩。

7. 获奖情况

应届生在列举自己的奖励时，一定要懂得取舍，一般只列出与求职岗位比较相关的或含金量比较高的奖励即可。如果能在奖励描述中再适当地强调下奖励的难度那就更好了（一般用数字或获奖范围表示奖励难度），因为这样能让 HR 很直观地看到所获奖励的含金量，从而增加简历筛选的通过率。

例如，下边是一则奖励情况描述范例：

- 市级：北京市奖学金（全校仅 10 人）、北京市高等学校优秀学生（全校 1%）。
- 校级：北京航空航天大学人民奖学金一等奖（前 2%）、北京航空航天大学“优秀学生”称号、北京航空航天大学人民奖学金二等奖（前 3%）。

8. 其他个人信息

其他个人信息主要是指兴趣爱好和自我评价。

兴趣爱好要写自己擅长的项目，并且不宜写太多项，两三项即可。

自我评价建议结合求职岗位的特点来写。例如，你的求职岗位是空乘服务员，你就可以在自我评价这一栏中注明你乐于接受挑战和挫折、善于与人沟通合作、具有良好的团队意识、具有较强的抗压能力等。

课堂互动

设想你是某航空公司的 HR，近期，你们公司急需招聘 10 名空中乘务员，某一天你通过公司官网发布了一则招聘广告。几天后，你接到了 200 份求职简历，你需要在这 200 份简历中挑选出 15 份简历，并通知他们前来面试。那么，你筛选简历的原则是什么？

（二）简历的撰写要点

扫一扫

如何制作
HR 喜欢的简历

1. 简短

求职者在写简历时，千万不要事无巨细地把自己的所有的经历都进行罗列，而是要选择主要的内容。据调查，招聘单位花在每份简历上的平均时间不到 90 秒，所以，要想在这短短的 90 秒内迅速抓住招聘者的眼球，简历必须短小精悍。一般应届毕业生的简历用一页 A4 纸即可。

2. 清晰

简历应一目了然，确保简历的阅读者一眼就能看到他们所需要的信息。同时，简历的语言应该通俗易懂，尽量不要使用缩略语或当下流行的时髦词汇。最后在打印简历时，应选择合适的字体和字号。

3. 准确

一份简历能体现出一个人的语言文字功底和做事风格，而招聘者对求职者的文字能力、细心程度等内容的考查就是从简历开始的。因此，清楚、准确、规范的表达是简历的基本要求。

4. 整洁

整洁的简历能让招聘者在看具体内容之前就心生好感或产生阅读兴趣。因此，毕业生在制作简历时一定要保持简历干净整洁。

5. 真实

毕业生写简历内容时既不要夸大其词，也不要过分自谦或消极地评价自己，更不能编造虚假信息，而应客观、真实地介绍自己的相关情况。

诚信为本

诚信的“名片”是大学生最重要的财富

俗话说“言必信，行必果”“人而无信，不知其可也”，这样的思想和理念，不论过去还是现在，都有其鲜明的民族特色，都有其永不褪色的时代价值。

诚信是中华民族的传统美德，也是当代大学生面试求职的“敲门砖”，更是大学生顺利就业的重要条件之一。如果大学生失去诚信，就背离了做人的基本原则，很难成就一番事业，更谈不上实现人生理想和价值。

小梅很想进入某航空公司，苦于没有相关经验，于是她就在自己的简历上“移花接木”了别人的实习经历。由于简历做的比较出色，她接到了面试通知。面试当天，面试官让小梅介绍一下自己的实习经历，小梅把假的经历倒背如流，谁知道面试官却针对一个项目刨根问底，最后揭穿了她的谎言。

【点评】诚信是一切道德的基础和根本，是一个人形成正确人生观的先决条件。大学生正处于人生观形成的关键时期，一定要培养诚信的优良品质。大学生在写简历时千万不要试图编造，因为多数的谎言在面试过程中会被识破，更何况有许多大公司会根据简历和相关资料进行背景调查。退一步来说，就算你在面试时没被发现造假，如果入职后被发现了，其代价就不仅仅是解除劳动合同那么简单了，还可能会被公司要求索赔，甚至会被拉入行业黑名单，那就得不偿失了。

（三）典型简历范例

面试前，简历是招聘单位了解求职者的途径之一，若想要胜出，就得在自己的简历上多花些心思。简历虽然没有固定的格式和固定的内容编排，但在这里还是举个典型的范例，供大家在制作简历时进行参考，如表 2-1 所示。

表 2-1 简历范例

简　　历

【基本情况】

姓　　名：张佳佳　　　　出生年月：2000 年 8 月 1 日

性　　别：女　　　　　　籍　　贯：山东

身　　高：167 cm　　　　体　　重：48 kg

联系电话：××××××××××××

电子邮件：3756@136.com

通信地址：××广州民航学院 23#××室

邮　　编：××××××

照片

【求职意向】

空中乘务员职位，具备良好的人际沟通技巧，做事耐心细致。

【教育背景】

2017 年 9 月—2020 年 6 月　　就读于广州民航学院空乘专业

2015 年 9 月—2017 年 6 月　　就读于广州市禺山高级中学

【实践经历】

2018 年 6 月—2019 年 9 月　　在广州市广州电子科技有限公司做英语翻译工作

2019 年 10 月—2020 年 4 月　　在浙江省绍兴市大禹开元度假酒店做接待工作

【技能】

具备一定的专业技能及专业基础知识，比如：掌握了空乘服务礼仪、服务手语、播音技巧等。

【职业资格证书】

获得空乘资格证书、安检资格证书、普通话等级证书、英语等级证书。

【获奖情况】

市级：广州市奖学金（全校仅 10 人）、广州市高等学校优秀学生（全校 1%）。

校级：广州民航学院人民奖学金一等奖（前 2%）、广州民航学院人民奖学金二等奖（前 3%）。

【其他信息】

兴趣爱好：喜爱体育运动，曾获院 100 米跑第一名，广州市散打比赛亚军。

自我评价：本人性格开朗、稳重、有活力，待人热情、真诚。工作认真负责，进取心强，能吃苦耐劳；性格开朗，乐于与人沟通。有较强的组织能力、实际动手能力和团体协作精神，能迅速适应各种环境。

二、求职信

求职信又称自荐信，是求职者在了解就业信息后有目的地向用人单位所做的自我介绍。它是针对特定单位写的，主要表达求职者的主观愿望和特长，其目的是获得用人单位的了解、重视和兴趣，从而取得面试的机会。

知识链接

简历与求职信有什么不一样？

简历是求职者给招聘单位发的一份简要介绍，重点介绍求职者做过什么，取得过何种业绩；而求职信除了需要大致地介绍下简历包含的内容外，还需要介绍个人想做什么（包括个人的职业规划、价值追求，要尽可能与招聘单位的核心价值观、职业要求相吻合）、会做什么（包括学习能力、工作能力、沟通能力、社交能力）、能做什么（要与以往的实践经历相结合，更要与应聘岗位相结合）。

换言之，简历是针对特定的工作职位来写的，主要叙述求职者的客观情况；而求职信是针对特定的单位来写的，是将简历中的亮点提炼出来，将自己的竞争优势直接传达给招聘单位。相对于简历来说，求职信更要集中地突出个人的特点与求职意向，从而更能打动招聘单位的心，所以写求职信是很有必要的。

在介绍如何写求职信之前，同学们可以先头脑风暴一下，想象一下招聘者在阅读求职信时，什么内容可以激发他（她）的兴趣，使他（她）迫不及待地想和你见面。然后，在一张纸上列一下自己有哪些核心技能、优势和亮点。

下面我们就来详细地讲解求职信的写作格式、撰写要点，从而让同学们对怎样写求职信有一个明确的认知。

（一）求职信的写作格式

求职信的写作格式与一般书信大致相同，包括标题、称呼、正文、结尾和落款。

1．标题

标题是求职信的标志。求职者可以用较大的字体写明“求职信”三个字。书写要醒目、美观。

2．称呼

这里的称呼是指对招聘单位或收件人的称呼。若求职信写给国家机关或事业单位的人事部门负责人，则可称“尊敬的××处长”；若写给企业人力资源部负责人，则称“尊敬的××经理”等。

称呼要正式、准确，忌用“前辈”“叔叔”“师兄”等称呼。由于求职者在求职时通常对招聘者的职位不了解，因此，在求职信中称呼招聘者为“××领导”也是可行的。

3. 正文

正文是求职信的核心部分，该部分内容的好坏决定了求职信能否从众多的求职信中脱颖而出。因此，要想写好正文，应做到以下几点。

1）开头要直接

写求职信的一个重要原则就是要把最重要的信息放在开头。开头最好开门见山，直接交代清楚你是谁、你要应聘什么职位以及你为什么来应聘。例如，“您好，我是××大学民航服务专业 2019 届本科毕业生，今年 20 岁，我在×××网站上看到贵单位发布的招聘空姐的广告，我对这个职业很感兴趣，因此写下这封求职信。”

2）展现你对招聘单位或应聘岗位的兴趣

要想让自己的求职信与众不同，不妨在求职信里写一些自己对公司的“情结”或你对这个岗位独一无二的兴趣。写这一部分的原因是要让招聘者知道，你不是盲目地给该公司投递的求职信，而是经过一番了解并且深思熟虑之后做出的决定。那么，如何能够展现自己对招聘单位或应聘岗位的兴趣呢？我们不妨从以下几点着手：

- 阐述一下你对公司企业文化的理解。
- 列举一个有关公司较新的重大突破。
- 谈谈对公司独特的见解。
- 谈谈你想应聘该公司或该岗位的理由。

如果你能抓住以上某一点展开，并能结合自身的情况谈一谈，一定能够吸引招聘者。

3）展现你的竞聘优势

这一部分是用来展现你能够胜任某职位的关键部分。你可以向招聘单位展示自己的专业知识和工作经验，展现你与所应聘岗位有关的成绩和技能，以及与该岗位相匹配的性格、特长、兴趣爱好和其他情况等。

4）暗示发展前途和潜力

在求职信中不仅要向招聘单位说明自己现在的能力，还要说明自己具有可塑性、发展潜力和培养价值。例如，担任过学生干部的毕业生可以向招聘者介绍自己在担任学生干部时所取得的成绩，展示自己在管理人员、组织活动方面的才能和潜力。

4. 结尾

结尾一般包括两方面内容：一是盼回复，二是祝词。通常，表达希望对方答复的措辞几乎已成定式，如“我热切期望您的回复”或者“我希望能获得与您面谈的机会”等；祝词可用“顺致安康”“祝贵公司兴旺发达”等，也可用“此致敬礼”之类的敬语。

5. 落款

落款包括署名和日期。需要注意的是，不管求职信是打印的还是手写的，署名一定要手写，且下方要写上完整的年月日，如 2020 年 10 月 30 日。

（二）求职信的撰写要点

写求职信的目的是推销自己，争取面试机会。毕业生在写求职信时应掌握一些撰写要点，具体如下。

1．确保言简意赅

求职信的目的是为求职者争取一个参加面试的机会。在竞争日趋激烈的今天，每个岗位都会吸引不少的求职者，招聘人员阅读求职信的工作量很大，如果求职信过长，就会使其效度降低。因此求职信的篇幅要短，内容必须言简意赅，切忌面面俱到，一般求职信最好能够控制在600字以内（附件除外）。

2．切忌夸大其词

写求职信时一定要实事求是，用事实陈述代替华丽的修饰语，恰如其分地介绍自己，不要夸大其词。

3．避免文字错误

一份好的求职信不仅能展现求职者清晰的思路和良好的文字表达能力，还能体现求职者的性格特征和做事态度。毕业生写求职信时一定要注意措辞，写完之后要通读几遍，切忌出现错字、别字、病句和文理不通等现象。

4．力求有针对性

写求职信应力求有针对性，这样才能引起招聘者的注意。有的毕业生不管哪个公司或哪个岗位都使用同一封求职信，这种做法是不可取的。求职信在动笔之前，要对所应聘单位和岗位的情况有所了解，然后用事实和成绩恰如其分、有针对性地介绍和突出自己与本职位相关的特长。

创新赢机遇

不一样的求职信

某年，Google研究工程院决定在中国8个城市的20所高校招聘一批人才，这次公开招聘掀起了一股近乎狂热的应聘高潮，成千上万的应聘信如潮水一般涌来。Google甚至专门为此设计了一套程序，用来检索、分类、统计应聘资料。

某天，一封发给招聘人员个人求职信引起了他的注意，因为这封求职信的内容较为独特。首先，这位同学在信中表述了他在五年级时第一次使用Google，在以后的时间里跟踪了Google所有的产品，详细说明了他喜欢Google某个产品的某个部分以及这部分的特点。其次，他表达了希望成为Google一员。认真分析了Google招聘的几个职位，并分析了哪个职位适合自己。

最后，他坦诚地表明他同时还面临着其他机会，希望Google尽早答复。这封不一样的求职信让这位同学在众多的求职者中脱颖而出，并顺利通过面试。

招聘人员后来说：如果你每天要看1万封简历，而几乎每封简历都千篇一律地以年龄、性别、政治面貌开头，下边的内容你肯定不想再翻了。

（三）典型求职信范例

求职信应该体现出自己的特色，以自己的方式来赢得招聘者的青睐。下面给出一封典型的求职信范例，以供参考。

求 职 信

尊敬的领导：

您好，我是来自×××工业大学的×××，是今年的一名应届毕业生，读的是航空服务专业，得知贵公司正在招聘一批空中乘务员的消息，我特意写了这封求职信，希望可以到贵公司面试。

高中的时候，凭借着自己的身高、身材优势，再加上自己高考时候的成绩，我顺利考入了×××工业大学的航空服务专业，在大学的这四年时间里，我主要学习了民航服务礼仪、民航概论、民航专业英语、航空运输地理、航空安全与应急处理和航空服务心理等课程。通过这些课程的学习，我具备了一名空中乘务员的知识基础，为我应聘贵公司的这一职位增加了几分信心。

另外，我还有半年空中乘务员的实践经验。在这半年时间里，我亲身体会到了作为一名空中乘务员应该有的责任与态度，即时刻保持微笑，全心全意服务好每一位旅客。通过这半年的历练，使我处理事情变得更加成熟与稳重。所以，我相信自己可以成为一名出色的空中乘务员，希望领导们看完这封求职信后能够给我一次面试的机会。

我很期待能和您在面试中再次交流，您可以随时通过电话150×××、微信×××或我的邮箱联系我，期待您的回复。

祝工作顺利、生活愉快！

附件：中英文简历各一份

×××（手写）

×年×月×日

三、其他辅助性材料准备

除了求职信和个人简历外，求职者还应提前准备以下材料：

（1）身份证及户口本原件。

（2）学历证书、学位证书原件及复印件。

（3）已毕业的求职者要准备《教育部学历（学籍）电子注册备案表》；未毕业的求职者要准备《教育部学籍在线验证报告》。

（4）英语等级证书原件及复印件。

（5）准备招聘单位提供的个人信息登记表（有的单位是现场发放，现场进行填写）。

以上材料准备完毕之后，接下来就是要将这些材料投递出去。材料的投递形式分两种，一种是以信件的方式投递，另一种是以邮件的方式投递。

若以信件的方式投递材料，该材料是纸质材料，其摆放顺序为求职信、个人简历、其他资料；若以邮件的方式投递材料，则求职信应写在正文部分，简历与其他资料应在打包后作为邮件附件上传。

能力训练

撰写求职信和求职简历

活动目的：

进一步了解求职信和求职简历，掌握其撰写要点。

活动内容：

（1）将全班学生分成若干小组，每组 5～6 人，设组长 1 名。

（2）各小组通过网络或其他途径，搜寻 2～3 份求职信和求职简历。

（3）组长组织小组成员对这些求职信和求职简历进行讨论分析，找出其特色和亮点，分析其不足并提出改进建议。

（4）结合讨论结果，并根据自身的实际情况及想要应聘的岗位，撰写一封求职信，制作一份求职简历。

活动检测：

活动结束后，教师可根据表 2-2 进行评分。

表 2-2　探索活动评价表

评分标准	分值	实际得分	备注
积极参与讨论	10		
能够准确分析求职信和求职简历中的特色和亮点	25		
能够指出求职信和求职简历中的不足，并提出合理的改进建议	25		
能够撰写符合自身实际情况的求职信和求职简历	40		
总分	100		

第三节　面试前的状态调整

案例导入

建立自信，摆脱自卑——面试不能输给自己

小刘是一名民航运输专业的毕业生，在校期间，她的学习成绩虽然一直是名列前茅，但她总是很自卑。某天，她参加完一场面试，回到住处后，朋友问她："你面试的怎么样呀？"她说："应该没有通过，因为我看到面试官后就特别紧张，手脚都不知往哪儿放，全程都没有抬头，眼睛也不知道要看哪儿，而且在面试官提问问题时，我脑子一片空白，好多问题都是想到哪儿说到哪儿，完全不知道自己回答了什么。"如其所料，她的这次的面试以失败告终。

有自卑心理的小刘，每次应聘都是输在面试上，而且每次面试完回来她都懊恼不已。越是这样，就越影响她下一次的面试心态。久而久之，随着面试失败次数的增多，小刘慢慢地失去了信心，甚至不敢再投简历。

思考：假定你和小刘是同学，在她将要参加下一次的面试之前，你会给她提什么建议，让她减轻自卑心理？

目前，随着我国民航业的迅猛发展，行业之间的竞争日益激烈，对从业人员的基本素质和服务技能提出了更高的要求。在这种严苛的条件要求下，面试官通常会设置多道关卡来考查求职者，进而选拔出更加优秀的人才。竞争的激烈、面试难度的增大势必会给求职者带来意想不到的压力，如果求职者在面试前没有一个好的状态，就很难应对面试场上的一些突发情况。所以，求职者只有在面试前调整好状态，才能以最佳状态进入面试。

此外，求职者之间的竞争，不仅是纯粹的知识水平的较量，还是求职者身心素质的全面竞争。本节着重从面试前心态调整、身体调整及服饰与物品的准备等几方面来阐述面试前个人状态调整的方法。

一、面试前的心态调整

对于刚踏入社会的大学生来说，面试是他们在求职路上要经历的第一道考验。大学生初次参加面试，由于缺乏经验，避免不了产生紧张、恐惧心理，而这也正是阻碍大学生面试成功的最大障碍。因此，做好充分的心理准备，是有效减轻和避免这些心理反应的重要手段之一。

那么，求职者要想调整好心态，需要做到以下几点。

（一）克服心理障碍

求职者应着重克服以下几个方面的心理障碍。

1. 盲目自信

盲目自信是指个人对自身能力和素质评价过高的一种心理倾向，他们往往认为自己各方面条件都不错，肯定会很轻松地就能够通过面试。他们在面试时总爱抬高自己而贬低别人，有时候固执己见、盛气凌人、唯我独尊，还可能会将自己的观点强加于人。

要想克服这种盲目自信的心态，首先要全面地了解自己，能够正确地认识自己优势和劣势。其次，要善于发现别人身上的优点，并能够保持一颗谦虚的心态去向对方学习。同时在自己比较擅长的领域，也一定要保持一个谦虚的态度。

课堂互动

史书里有一句话："察察不明"，意思是说，不要自以为聪明，以为别人都不如自己，对此谈谈你的看法。

【参考要点】

（1）正确理解这句话的含义。

（2）人贵有自知之明，要对自己做客观的评价。

（3）既要看到自己的缺点和不足，又要学习别人的优点和长处。

2. 极度自卑

自卑是指个人对自己评价偏低的一种心理倾向。有些求职者虽然具备一定的实力和优势，但自卑心理使得他们缺乏竞争勇气，不敢主动向用人单位推销自己，不敢主动参与就业竞争，从而陷入不战自败的困境中。而且，自卑的求职者在面试中常常面红耳赤、语无伦次，对于面试官提出的问题，谨小慎微、不敢回答，害怕回答不好问题影响用人单位对自己的印象，以致于畏首畏尾，没能把自身的聪明才智发挥出来。

扫一扫

如何克服自卑心理

总的来说，自卑心理对于求职者来说危害巨大。而克服自卑的方法有很多，在这里列举四点（仅供参考）：① 正确认识自己，提高自我评价；② 善于自我满足，消除自卑心理；③ 坦然面对挫折，提高心理承受能力；④ 多与他人交往，提升人际交往能力。

3. 过度焦虑

焦虑是指个人对即将来临的、可能会造成危险或威胁所产生的紧张、忧虑和烦恼等不愉快的复杂情绪状态。求职者在面试前如果没有做好充分的准备，往往会有焦虑的心理反应，因此，如何克服自己面试时的紧张情绪，是每位求职者应该特别关注的。

克服焦虑心理的方法有两点（仅供参考）：① 尝试自我松弛，如找一本有趣的书读一读、吃一些喜欢吃的食品、看一看宜人的风景等；② 适当做一些有氧运动，如跑步、散步、打乒乓球、打篮球等。总之，要学会给自己的精神松绑，释放自己的压力，让自己暂时忘却即将来临的面试。

（二）调整好心态

求职者如果拥有了良好的心态，就会在面试时精神饱满、意气风发、充满自信，讲起话来语意肯定、语气恳切、侃侃而谈，从而为成功面试打下良好的基础。

1. 保持积极进取的心态

拥有积极进取心态的求职者，总会把每一次的面试机会看成是千载难逢的好机会。于是，他们会在面试前认真做准备，如打电话、查资料、看新闻、做演练等。实践证明，拥有这种心态的人，在面试时一般都能正常或超常发挥。

2. 保持双向选择的心态

多数大学生初入社会，往往对面试有一定的认知误区，他们认为面试是用人单位考查自己的手段，认为自己的命运掌握在对方手里。因此，在面试时他们常会表现的过分谦卑，要知道，这种心态是一种不健康的求职心态。

面试其实是一个双向选择的过程。从用人单位的角度来看，你是在接受考查，看你的条件是否符合岗位要求。而从求职者的角度来看，用人单位或面试官同时也在被你考查，看看他们给的条件能不能吸引你。求职者如果有了这种心态，自然就能表现出一种不卑不亢的态度。

3. 保持平常心

面试存在一定的竞争，有竞争就有输赢。所以，求职者不仅要以一颗平常心正确对待面试，还要做好承受挫折的心理准备。即使面试一时失利，也不要以一次失败论英雄。只有带着这样的心态去参加面试，才能真正地放松自己的思维，轻松去战斗。

扫一扫

面试前心理准备

课堂互动

（1）在学习或生活中，你常采用什么方法调整自己的心态？

（2）如果你参加了两场面试都失败了，你会怎么办？

二、面试前的身体调整

一个人的身体状态往往影响其精神状态，而精神状态的好坏是面试成败的关键要素之一。因此，面试前做好身体调整对求职者来说是非常重要的。

（一）保证睡眠质量

大学生初入社会，对于面试接触不多，甚至是首次接触。所以，很多人在面试前都会很紧张，从而导致失眠，以致于第二天满身疲惫地去参加面试。可想而知，这样的状态无疑对面试很不利。其实，我们换位思考一下，假定你是民航企业的面试官，那么你也不想看到有黑眼圈并且表情呆滞的面试人员吧。所以，面试前保证睡眠质量是非常必要的。

这里给求职者介绍几种简单的帮助睡眠的方法（仅供参考）。

（1）洗澡。专家指出，用 38～40℃的温水洗澡，能增加人体的血液循环，能使人的肌肉放松，从而有助于睡眠。

（2）尽量松弛。平躺在床上，深呼吸一次，把注意力先集中在一个具体部位，如脚趾，然后从此端开始，放松至全身。

（3）进行冥想。躺在床上，想象一些枯燥无味的事情，也可以帮助睡眠。

（二）调整饮食

面试前的饮食调整非常重要，因为很多年轻人为了保持身材，经常不吃主食、肉类或其他高蛋白的食物，其实，这是一种不健康的饮食习惯。如果长时间饮食不规律，会导致身体异常，从而影响人的精气神儿。

饮食专家指出：在你的菜谱上除常见的肉、鱼和蛋等高蛋白食物之外，再加上几片粗面粉做成的面包、马铃薯、丰富的蔬菜和水果等，有助于乐观情绪的产生和保持。因此，求职者在面试前可以根据个人口味吃一些荤素搭配的食物，并适当补充些水果，以提高自己的身体素质。

此外，求职者在面试前应忌吃辛辣食品，忌喝刺激性饮料（浓茶、咖啡等），以免导致肠胃不适；应少吃海鲜和热性食物，以免皮肤过敏；应少吃甜食，以免引起疲劳。

三、面试前服饰和物品的准备

面试前，要准备好面试的服饰、公文包、身份证、毕业证、获奖证书、笔、记事本等，甚至还可以准备好第二天的早餐等物品。男士的服饰包括：西装、衬衫、领带、皮带、皮鞋与袜子；女士的服饰包括：套裙、丝巾、皮鞋与袜子，如图 2-3 所示。

公文包应看上去大方典雅，大小应可以平整地放下 A4 纸大小的文件。

记事本里面应记录曾参加过或正要参加的面试的时间、公司名字、地址、联系人和联系方式等。

图 2-3　面试服饰参考

扫一扫

面试前服饰和物品的准备

第四节　面试前的知识准备

案例导入

拓展知识宽度，延伸思维长度——知识掌握不充分，难过面试关

小楠是一名学习成绩非常优秀的民航专业学生，马上面临毕业，她向一家知名企业投递了一份求职信和简历。很快，她就接到该企业的面试通知。

面试当天，她进入面试室后，面试官让她做了简单的自我介绍后就开始提问问题了。面试官说："面对今年突如其来的新冠肺炎疫情，中国民航做了哪些方面的应对工作，为抗击疫情做出了哪些重要贡献？"面对面试官的提问，小楠一下子就懵了，因为她对这方面的新闻从来没有关注过。最终，她面试失败了。

分析：小楠学习成绩非常优秀，但她还是面试失败了。因为面试官考查的不仅是你在课堂上学到的专业知识，还会考查你对行业知识、时政要闻等相关知识的掌握程度。因此，只有拓宽自己的知识面，才能提升面试的成功率。

通过查看往年的民航面试题发现，我国民航面试题目的素材来源非常广泛，从政府政策到社会现象，从名人名言到社会风气，政治、社会、经济、文化、科学、教育等方方面面都有涉及。可见，民航面试不仅是考查求职者掌握知识的深度，更是考查其掌握知识面的广度。然而，不少求职者在面试前却不知道该怎么去储备知识。基于此，本节将重点介绍储备专业知识的方法。

一、日常的学习与积累

俗话说“冰冻三尺非一日之寒”。知识的积累是一个量变与质变的过程，要发生质变，没有一定的量变做基础是不行的。所以，求职者要想做好充足的知识准备，离不开日常的学习和积累。

大学生要积累的知识包括专业知识和行业知识。其中，专业知识的积累离不开日常专业课的学习，所以，大学生要跟随老师在课堂上的讲解进程，由浅入深、循序渐进地学习专业知识。而行业知识的学习就需要大学生在日常多关注行业的实时动向，如每天阅读一些最新的时政要闻、热点事件报道、行业新闻等。

扫一扫

面试前知识准备

目前，获取行业信息的方式很多，如可以从各大互联网媒体平台、微信公众号、同行分享等渠道获取。

知识链接

中国民航网全方位关注民航发展动态并提供相应的信息服务，目前是中国民用航空局对外发布新闻、传播政策的首选网站，由于依托官方新闻媒体，新闻、信息发布更具权威性，是中国民航业内外人士获取民航新闻信息的最重要渠道之一。

二、突击的学习与积累

（1）由于我们在日常学习的知识点相对零散，没有一个系统的知识框架，所以求职者需要对专业知识进行最终的梳理。这样才能够检查自己对知识的掌握情况，从而能够有针对性地对自己的弱项进行突击强化。

（2）大学生在求职前除了要梳理专业知识外，还要强化与应聘单位或招聘岗位相关的知识，这样才能使学习更有针对性。例如，可以收集一些应聘单位往年的试题，或者该岗位在面试时可能会问到的问题，以及答题策略等。

知识链接

面试前短期突击学习能取得成功吗？能提升自身的学识水平吗？

面试前进行短期突击学习也许可以帮助求职者顺利通过一次面试。但绝对不要指望靠着一次突击就能做到出类拔萃。

正如我们一直强调的，大学学习的精髓和本质在于理解基础上的反思与独创。从这个角度看，面试前突击充其量不过是使人理解了较为简单的知识表象。至于那些需要深入思考的复杂内容，如果仅靠面试前的突击准备是远远不够的。

第五节　模拟机舱演练

案例导入

临危不惧，化险为夷——一次有惊无险的旅行

某日，一架航班从广州飞往杭州的途中，乘务员在进行机舱安全介绍播报时，突然遇到两次重度以上的颠簸，并伴有明显下坠，失重感特别强烈。旅客们遇到这种情况大都慌了神，机舱中传来旅客的尖叫声和哭泣声。

此时，拥有多年飞行经验的乘务长在第一时间进行了颠簸广播，其他各舱位乘务员在做好自身防护的同时，也在大声地提示旅客系紧安全带。飞机在空中盘旋了 15 分钟后落地，落地后各舱位乘务员对本舱位旅客进行检查。检查结果是，旅客们除了受到一些惊吓外，身体上均没有受伤。

该起颠簸事件的优秀处置得力于全组乘务员强烈的安全意识，严格按照安全要求进行操作，从而避免了严重事故的发生。

思考：① 如果你是乘务长，在遇到类似情况时，你会怎么处理？② 在紧急情况下，乘务员在播音时应注意哪些事项？

随着社会的发展，企业在招聘人才时更加注重实践经验，选拔人才也由学历型向能力型转变。民航业也不例外，拥有实践经验的人常常成为各大民航公司的首选。面试时，用人单位也常让求职者模拟上岗后的工作情景，以此来考查求职者对应聘岗位的认知，以及对民航服务技能的掌握情况。因此，模拟机舱演练对求职者来说非常重要。

本节着重介绍了模拟机舱演练的必要性、模拟机舱演练的方法、模拟机舱广播演练及模拟机舱餐饮供应等常规内容。

一、模拟机舱演练的必要性

大多数民航院校都陆续建设了模拟机舱用于教学，如图 2-4 所示。该教学模式在教学训练中起到了举足轻重的作用。

图 2-4　模拟机舱

从学生角度来讲，模拟机舱演练的作用有以下几点。

（1）模拟机舱演练可使学生在做中学、学中做，能够帮助他们把以前课本上难以理解的内容或不易掌握的动作进行快速理解和记忆，从而使他们的专业知识掌握的更扎实。

（2）模拟机舱演练不仅能够检验学生对理论知识的掌握情况，还可以使学生直观地看到自己与他人的优缺点，从而能够客观地进行批评与自我批评，有利于在今后的学习过程中扬长避短，不断地提高自己的实践能力。

（3）模拟机舱演练能够让学生提前适应工作场景，从而减少与职场的陌生感。

从教师的角度来看，模拟机舱演练的作用有以下几点。

（1）教师运用模拟机舱进行教学，能够使教学过程更生动具体，更直观易懂。

（2）模拟机舱演练能够让教师及时地控制现场进度，防止出现偏离教学目的的现象。

（3）在每次上完模拟机舱实训课后，教师能够对教学中的总体情况进行总结，从而能够逐步改善教学方式，提升教学效果。

由此可见，模拟机舱演练对教学训练起到了非常重要的作用。

二、模拟机舱演练的方法

模拟机舱演练通常由 5 个人组成一组，其中 1 名乘务长和 4 名乘务员。乘务长的主要职责是负责本机组乘务员的工作分配与管理，乘务员的主要职责是负责实施各阶段的服务工作，包括礼仪服务、技术服务、安全服务、餐饮服务、救助服务、娱乐服务和咨询服务等七个方面，如图 2-5 所示。

图 2-5 乘务员机舱服务工作

知识链接

礼仪服务，主要指乘务员使用礼貌用语迎宾、问候。

技术服务，是指乘务员完成乘机服务演示以及引导服务。

安全服务，指的是应急设备检查、航前清舱检查、旅客登机前的检查、旅客登机时的安全检查、机门关闭后的安全提示、飞机退出停机位后的安全检查、滑行起飞前的客舱检查、飞行中及着陆前的安全服务、到达后及下机后的安全服务。

餐饮服务，是指为旅客提供饮食、收取饮食垃圾等。一般情况下，飞行时间超过 2 小时并且是正值供餐时间或飞行时间超过 3 小时，需供应正餐；飞行时间超过 1.5 小时并且是非供餐时间或飞行时间超过 2 小时，需供应点心。

救助服务，是指旅客突感身体不佳、生病等需要紧急医疗救助时，空乘人员应提供积极的帮助。这需要乘务员掌握一些基本的医疗常识。如果情况严重，可同时通过广播寻找医生旅客帮助，并联系机场、空管、地面急救人员等。

娱乐服务，是指在飞行途中播放一些娱乐节目，如音乐、经典大片、异域风情纪录片、世界各地的电视节目、新闻资讯、热门游戏等。

咨询服务，是指解答来自旅客的各种各样的问题，尤其是出现一些特殊情况时旅客提出的问题。

三、模拟机舱广播演练

机舱广播是为旅客服务的，按照广播性质的不同，机舱广播可分为服务广播和安全广播。其中，服务广播主要是通过广播让旅客了解此次航班的航程、时间，途经的省市、山脉、河流和一些服务项目等。安全广播主要是正常的安全检查介绍，起飞和落地前的广播提醒，还有特殊情况和突发情况的广播，如图 2-6 所示。

图 2-6　机舱广播

（一）念广播词的要求

扫一扫

如何念好广播词

由于广播词的内容承载着对飞机状况的通报与飞行中服务信息的传达任务，是民航服务人员与旅客之间沟通的纽带。因此念广播词要有一定的讲究。具体如下：

（1）要求使用普通话，且发音要标准，内容要准确，吐字要清晰、流利。

（2）语调生动，要抓住播音内容的特点，分出轻重缓急，分清抑扬顿挫，根据不同的内容传达不同的思想感情。

（3）声音圆润、自然。注意克服发音吐字方面的问题，如鼻边音、挤捏音、虚声等，做到发音圆润、动听。

一般情况下，在播报服务广播时语言要清晰、流畅、亲切；在播报客舱安全广播时，语言要庄重、规范、清晰、流畅。在航班遇突发状况时，乘务员一定要及时播报，并且语气要镇定、沉稳、自信，从而缓解旅客的恐慌情绪。

一段高质量的播音能够将航班相关信息准确无误地传达给旅客，让旅客获取舒适的旅途体验。

课堂互动

我国一些地区的方言与普通话发音完全不同，为方便当地游客出行，可否用当地方言广播？

（二）模拟机舱广播的主要类型

1．迎、送词

这类播音主要是欢迎和欢送旅客上下飞机常用的播音。要求语言清晰、亲切。

【播音词】

女士们，先生们：

欢迎您乘坐中国_____航空公司的_____航班，本航班由_____前往_____（中途降落_____），飞行距离为_____公里，预计空中飞行时间为_____小时_____分，飞行高度为_____米，飞行速度为平均每小时_____公里。为了保障飞机导航及通信系统的正常工作，在飞机起飞和下降过程中请不要使用移动电话和电脑等电子设备。

飞机很快就要起飞了，现在由机舱乘务员进行安全检查。请您坐好，系好安全带，收起座椅靠背和小桌板。请您确认您的手提物品是否妥善安放在头顶上方的行李架内或座椅下方。

本次航班的乘务长将协同机上_____名乘务员竭诚为您提供及时周到的服务。

谢谢！

2．机舱安全介绍

机舱安全介绍主要是对飞行中安全注意事项的介绍，如氧气面罩、安全带、应急出口的使用与收放位置介绍等。要求语言庄重、规范、清晰、流畅。

【播音词】

女士们，先生们：

你们好！现在由机舱乘务员向您介绍救生衣、氧气面罩、安全带的使用方法及紧急出口位置。救生衣在您座椅下面的口袋里。使用时请取出，经头部穿好，将带子扣好系紧。然后打开充气阀门，但在机舱内不要充气。充气不足时，请将救生衣上部的两个充气管拉出用嘴向里充气。氧气面罩储藏在您的座椅上方，发生紧急情况时，面罩会自然脱落。氧气面罩脱落后，请您用力向下拉面罩，并将面罩罩在口鼻处，把带子套在头上进行正常的呼吸。

在您座椅上备有两条可以对扣起来的安全带，当飞机在滑行、起飞、颠簸和着陆时，请您系好安全带。解开时，先将锁口打开，然后拉开连接片。本架飞机共有4个紧急出口，分别位于前部、后部、中部及上舱，在机舱通道上及出口处装有紧急照明指示灯，在紧急脱离时请按指示路线撤离。在前排座椅靠背的口袋内备有安全说明书，请您尽早阅读。

谢谢！

3．机舱介绍

这种播音词是机舱播音中最为普遍的，需要乘务员熟练掌握。

【播音词】

女士们，先生们：

我们的飞机已经离开_____前往_____。在这条航线上，我们将飞越的省份有_____，城市有_____，河流有_____，山脉有_____。您现在乘坐的这架飞机是_____公司制造的_____型客机，能够容纳_____名旅客。

在您座位上方备有阅读灯、通风孔及呼唤铃。

清洁袋在前排座椅靠背的口袋里，供您放置杂物及呕吐时使用。洗手间位于机舱前部及尾部，当安全带指示灯亮时，洗手间暂停使用。请您全程不要在机舱及洗手间内吸烟。

在这段旅程中，我们为您准备了正餐、点心及饮料，供餐时我们将广播通知您。

为确保大家旅途安全，顺利到达目的地，请您在飞机滑行、起飞、降落和颠簸期间，在座位上坐好，系好安全带，不要开启行李架，以免行李滑落，砸伤其他旅客。多谢您的合作。

祝您旅途愉快、身体健康！谢谢！

4. 特殊情况播音

遇到气流飞机颠簸、飞机延误、备降等情况时，乘务员的播音一定要及时、自信、沉稳。平和的播音能够有效减轻旅客的恐慌心态，能很好地树立航空公司的良好形象。

此外，还有些无法预见的特殊情况，这时就需要乘务员具备一定的应变能力，自编广播词，然后进行广播。

【播音词】

女士们，先生们:

飞机受到气流影响，正在颠簸，请您系好安全带，不要离开您的座位，洗手间将暂停使用。在洗手间的旅客，请您抓紧扶手，注意安全。晕机的旅客请使用前方座椅口袋里的清洁袋（在这段时间里，我们将暂停机舱服务）。

谢谢！

案 例

某日，某航空公司从九寨沟飞往深圳的航班迎来三个旅行团，登机的时候，乘务长发现最后一个旅行团有一位老太太鼻子里插着氧气管，手里捧着氧气包，脸色苍白，乘务长赶快上前询问老人身体情况，得知老太太在九寨沟旅游时因为高原反应病倒了，经过当地医院紧急治疗已脱离危险，现在老人想赶回家治病休息。但是由于老人属于高龄，而且身患疾病，需要医生证明才能乘机，可是飞机马上就要起飞了，让机场航医过来检查势必会长时间延误航班，是等待体检还是让老太太乘机？

最后，为了旅客的安全，机长决定先通知航医前来检查，同时让乘务长通过客舱广播将情况告知旅客，征求旅客的意见。乘务长自拟广播词，将情况如实告诉了大家，言语中感情真切，希望旅客理解和配合。所有旅客均表示可以等待。10 分钟后，航医到达，为老太太做了体检，证明可以乘机。飞机终于安全起飞了……

思考：假定你是乘务长，你会如何广播？

（三）模拟机舱广播示例

1．起飞后广播

女士们，先生们：

我们的飞机已经离开_____前往_____，这段航程的飞行距离为_____公里，飞行时间_____小时_____分钟，飞行高度_____米，飞越的省份有_____，城市有_____，河流有_____，山脉有_____。

在这段旅途中，我们为您准备了早（中、晚）餐。供餐时我们将广播通知您。

下面将向您介绍机舱设备的使用方法。

今天您乘坐的是_____型飞机。

您的座椅靠背可以调节，调节时请按座椅扶手上的按钮。在您前方座椅背靠的口袋里有清洁袋，供您扔杂物时使用。

在您座椅的上方备有阅读灯开关与呼叫按钮。如果您需要乘务员的帮助，请按呼叫按钮。

在您座位上方还有空气调节设备，您如果需要新鲜空气，请转动通风口。

洗手间在飞机的前部和后部。在洗手间里请不要吸烟。

稍后，我们将为您播放机上娱乐节目，欢迎您收看。

愿我们能陪伴您度过一个温馨、愉快的旅程！谢谢！

2．餐前广播

女士们，先生们：

我们将为您提供餐食、茶水、咖啡和饮料，欢迎您选用。需要用餐的旅客，请您将小桌板放下。

为了方便其他旅客，在供餐期间，请您将桌椅靠背调整到正常位置。谢谢！

3．征询意见

女士们，先生们：

欢迎您乘坐中国_____航空公司航班，为了帮助我们不断提高服务质量，敬请留下您宝贵的意见，谢谢您的关心和支持！

4．预定到达时间广播

女士们，先生们：

本次航班预定在_____分钟后到达_____机场，地面温度是_____，谢谢。

5．下降时安全检查广播

女士们，先生们：

飞机正在下降。请您回原位坐好，系好安全带，收起小桌板，将座椅靠背调整到正常位置。所有个人电脑及电子设备必须处于关闭状态。请您确认您的手提物品是否已妥善安放。稍后，我们将调暗机舱灯光。谢谢！

6．到达终点站

女士们，先生们：

飞机已经降落在_____机场，本地时间是_____，外面温度为_____摄氏度。飞机正在滑行，为了您和他人的安全，请先不要站起来或打开行李架。等飞机完全停稳、系紧安全带指示灯熄灭后，请您再解开安全带，整理好随身物品，准备下飞机。从行李架里取物品时，请注意安全。您交运的行李请到行李提取处领取。需要在本站转乘飞机到其他地方的旅客请到候机室中转柜台办理。

感谢您选择_____航空公司航班！下次旅途再会！

7．飞机尚未停稳

女士们，先生们：

飞机还将继续滑行。为了您的安全，请您在座位上坐好，不要急于打开行李架，请等“安全带指示灯”熄灭后再站起来，谢谢！

8．旅客下飞机广播

女士们，先生们：

本架飞机已完全停稳，请您从前（中、后）登机门下飞机。谢谢！

四、模拟机舱餐饮供应演练

（一）模拟舱餐饮供应的种类

1．饮料的种类

航班上，航空公司通常为旅客提供的饮料有矿泉水、果汁、带气饮料、茶、咖啡等。

2．餐食的种类

根据航班飞行的时间及航线的长短，航空公司通常为旅客提供的餐食有正餐、早餐、点心、夜宵等。

知识链接

模拟机舱餐饮供应话术范例

（1）供应饮料时的话术范例。

您好，女士/先生，今天为您准备了热饮、碳酸饮料及多款果汁饮品，请问您喜欢喝点什么？

① 当旅客选择热饮时。

您好，女士/先生，今天的热饮为您准备了红茶和咖啡，请问您喜欢喝点什么？

② 当旅客点选碳酸饮料时，应主动询问旅客是否需要加冰块。

女士/先生，您点选的可乐需要加冰吗？

③ 当旅客选择饮料果汁时。

您好，女士/先生，今天我们为您准备了可乐、雪碧、苹果汁、橙汁、牛奶和王老吉，请问您喜欢喝点什么？

④ 当递送饮品时。

女士/先生，这是您点选的咖啡/茶水，请拿稳，热饮小心烫。

（2）供应餐食时的话术范例。

① 您需要用餐吗？我们将为您提供早餐/午餐/晚餐/小食。

② 我们为您准备了猪肉米饭和牛肉米饭，请问您需要哪一种呢？

③ 如果您现在不需要用餐，我们将在您需要的时候为您提供，您可以按头顶上方的呼唤铃，我们将随时为您服务。

（二）模拟舱餐饮供应服务规范

学生在演练餐饮供应时应注意端、拿、倒、送、放、收、推、拉的服务规范。

1. 端

（1）托盘要竖向端，并与地面保持水平，双手端在盘子的中后部。

（2）大小臂大于 90°（托盘高度约位于自己的脐部），离自己的身体有一拳左右的距离。

（3）四指并拢拖住盘子的底部，拇指扶在盘子的外沿。

（4）乘务员在客舱通道内端大托盘转身时，身子转，盘子不转。

2. 拿

（1）杯子、酒瓶、饮料筒等，应拿下 1/3 处。

（2）拿空托盘时，将盘子与地面垂直，盘面朝里，竖直自然地放在身体一侧。

3. 倒

（1）饮料倒至杯子的七成。

（2）为旅客提供热饮时，除非旅客特别指出（热饮五成即可，按照矿泉水、开水 2∶1 的配比提供，口感微温，且要做好语言提醒），防止因飞机颠簸或者人为原因造成烫伤。

（3）为小旅客提供热饮时，要倒至杯子的五成，不要将热饮直接递给小旅客，尽量给其监护人并做好叮嘱。

（4）带气的酒或饮料，杯子倾斜，以免泡沫溢出。

课堂互动

（1）如果你在为旅客供应饮料时，不小心将饮料洒在旅客的身上了，你该怎么办？

（2）某航班，一对夫妇携孩子乘机（儿童），乘机过程中小孩称其非常口渴，想要一杯水，于是乘务员马上为他倒了满满的一杯水交到他手上。不料小孩在喝水过程中遇到了飞机颠簸，将水洒在了身上。

思考：请问该乘务员为小旅客提供饮料的过程中犯了哪些错误？

4. 送

（1）乘务员在供应餐饮时应遵循的原则：从前至后，先里后外，先左后右（旅客乘坐方向的左右），先女宾再男宾。

（2）送餐时，应沿着桌面送给旅客，切勿从头顶上传送。

（3）为旅客取餐时，应按照从下至上的顺序抽取餐盒并送出。

（4）乘务员在供应餐饮时，身体要面对旅客保持45°，双脚并拢，立正站好，身体略微向前倾，并保持微笑，如图2-7所示。

图 2-7 模拟送饮品

5. 放、收

（1）轻、稳、准是放置物品时的基本标准和要求。

（2）收取物品时应随身携带一块小毛巾，随时帮助旅客清理桌面。

（3）收回的餐盘插入餐车时，应从餐车的上部开始逐层向下插进。

（4）乘务员使用托盘收杯子时，为了防止飞机颠簸导致杯子掉落，应从身体的内侧逐个向外摆放；而且杯子摞放时，高度最多不超过5个。

6. 推、拉

（1）乘务员在推、拉餐车时，双手要扶在餐车上方两侧，胳膊不要撑在车上，边推边掌握方向，且速度不要太快。

（2）乘务员在推、拉餐车时，应时刻注意脚底下，避免踩到旅客的脚。

复习与回顾

一、问答题

1．面试前获取招聘信息的方法有哪些?

2．面试的常规内容包括哪几方面?

3．近来有不少毕业生的简历中都写自己是学生会主席，简历中有不少不真实的内容，你是如何看待这个问题的?

4．机舱服务包括哪几个方面?

二、简答题

1．分别阐述简历与求职信的写作要求。

2．简述做好招聘单位背景调查的必要性。

3．简述模拟机舱演练的必要性。

三、情景模拟

背景资料：

午餐时间，你作为某航班上的一名乘务员，正在为旅客提供餐食时，忽然，一位女士跑过来向你求助，原来，这位女士不足 3 岁的孩子发高烧并且出现抽搐现象。

任务要求：

学生们各自编写一段广播词，广播词的目的是寻找客舱内的医生或相关人员来帮助这位女士。

实施步骤：

（1）由老师扮演女旅客，学生们扮演乘务员，对上述情景依次进行模拟演练。

（2）学生们按照自己拟写的广播词依次进行播报。

（3）当所有学生都演练完毕后，学生们自由分组进行讨论、分析和总结。

（4）最后，每小组评选出一名表现相对优秀的同学。

第三章

民航面试中的礼仪

知识目标

- 了解面试中的仪容仪表和微笑礼仪。
- 理解面试中的行为举止礼仪，并重点掌握标准的站姿和坐姿礼仪。
- 了解面试中的语言表达礼仪。

能力目标

- 能在面试中正确地运用各类礼仪，不断提高面试时礼仪的应用技巧。

素质目标

- 培养健康的审美情趣，提高感受美、欣赏美、创造美的能力。
- 树立正确的礼仪观，能够弘扬中华民族的传统礼仪。

面试礼仪是个人形象、气质、谈吐和行为的综合体现，往往体现着一个人的综合素养和品位。很多求职者在面试过程中因为礼仪方面的失误，导致自己在面试中减分，最终求职失败。那么，什么样的礼仪能让面试官眼前一亮，给其留下美好的印象呢？据相关资料显示，求职者在面试过程中给面试官留下的第一印象，往往能够成为面试官对求职者进行综合素质评判的重要标准之一。

在面试时，面试官的第一印象是由 55%的仪容仪表、38%的行为举止和 7%的谈话内容构成。基于此，本章主要从求职者在面试过程中需要注重的仪容仪表礼仪、行为举止礼仪和言语交谈礼仪等三个方面进行阐述，以求在面试中给面试官留下美好的第一印象，从而提高面试成功率。

第一节　面试中的仪容仪表礼仪

案例导入

遵守面试礼仪——时尚靓丽的装扮符合参加民航面试的要求吗？

李雪将要去参加某航空公司的面试，应聘空中乘务员一职。面试当天，为了给面试官留下一个好印象，她格外注重自己的外在形象。于是，她一大早就起来装扮自己。

她先给自己烫了个大波浪卷发型，再在脸上抹了一层亮肤粉底、涂了一层紫色眼影和一个大红色的口红，然后戴上了一对长耳环和一串精美的项链。最后，她穿上了新买的花连衣裙和黑丝袜。一切穿戴就绪，她高高兴兴地拎着一个大花背包出了门。

她提前 10 分钟到了应聘公司，在进入面试间前，她特地给自己补了一下妆。进入面试间后，还没等面试官说话，她直接坐在了面试官对面的椅子上，并且很自然地跷起了二郎腿，一副势在必得的样子。当面试官问话时，她边摆弄自己头发边听面试官说话，并用家乡话回答了面试官提出的问题。

思考：请大家想一想，李雪这次的面试能够成功吗？如果不能，你认为她应该在哪些方面进行改正？

心理学的研究表明，在未与人沟通之前的第一印象是由最初的 20 秒决定的，而最初的 20 秒的印象是由外在形象决定的。因此，求职者在面试时要特别注意自己的外在形象，抓住给面试官留下良好的第一印象的重要机会。

一、合身得体的着装

在民航面试中，着装的选择对求职者来说非常重要。如果选择了得体的着装，不仅能够表现出一个人热情洋溢的精神面貌，还能够表现出一个人内心的诚意、良好的素养和独特的品位。但如果不能正确着装，就会分散受众者的注意力，还会影响到求职者的心理状态。那么对于将要参加民航面试的求职者来说，应该如何正确着装呢？

◆ **男士着装**

（1）服装：尽量选择职业套装或熨烫平整的白衬衫和西裤（标准西裤的长度为裤管盖住皮鞋上沿）。

（2）领带：一定要佩戴领带，但颜色不宜太花哨，且领带长度以垂至皮带扣为宜。

（3）鞋子：尽量选择正式的男式皮鞋，以黑色为宜，鞋面应干净无尘。

（4）袜子：尽量穿黑色袜子，避免露出袜子与服装不相匹配的颜色。

总的来说，男士建议的着装标准如图 3-1 所示。

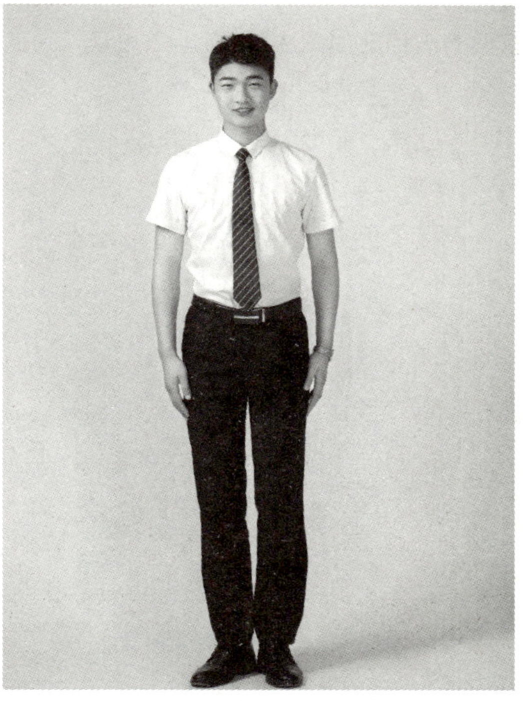

图 3-1　男士面试着装标准

◆ **女士着装**

（1）服装：女士面试装多为端庄大方的职业套装或白色衬衫配 A 字裙或 H 裙，款式不应过于繁琐华丽。选择套装或裙子时，颜色应尽量选择黑色、藏青色或深灰色，长度应以到达膝盖上下 3 厘米为宜。选择衬衫时，可以根据自己的脸型来选择适合自己的衬衫款式。比如，圆脸可以选择 V 字或 U 字领衬衫，这样的领口对脸部会起到拉长的效果，使圆脸从视觉上来说变得修长一些；长方形脸可以选择开口高一些的圆形或船型领，以增加脸部的横向距离，使脸部显得圆润丰满一些。

另外，女士忌穿暴露肩膀或膝盖的着装，因为这样会给人不庄重、不雅致和轻佻之感。而且，不要挑选那些透明材质的上衣，也不要蕾丝花边或者雪纺薄纱。在衬衣里面可以再穿一件小背心，以防走光。

（2）鞋子：女士选择鞋子的款式不宜花哨，应与套装相配，以黑色的高跟、半高跟的船式工装皮鞋为宜。关于女士不同身高的高跟鞋高度参考如下：身高大于 170 厘米的人适合穿跟高在 3 厘米以下的鞋子，身高在 165 厘米左右的人适合穿跟高在 5～7 厘米的鞋子。

（3）配饰：面试属于正式交往场合，不应戴手链、戒指，也不要戴很大很长或造型夸张的耳环。如果非戴不可，可佩戴直径不超过 5 毫米的无装饰珍珠耳钉，但单耳不得佩戴两个以上（包含两个）饰品。

（4）丝袜：是否穿丝袜看招聘要求，部分航空公司不允许穿丝袜，如果航空公司不做要求，颜色最好选择透明肉色。

总的来说，女士建议的着装标准如图 3-2 所示。

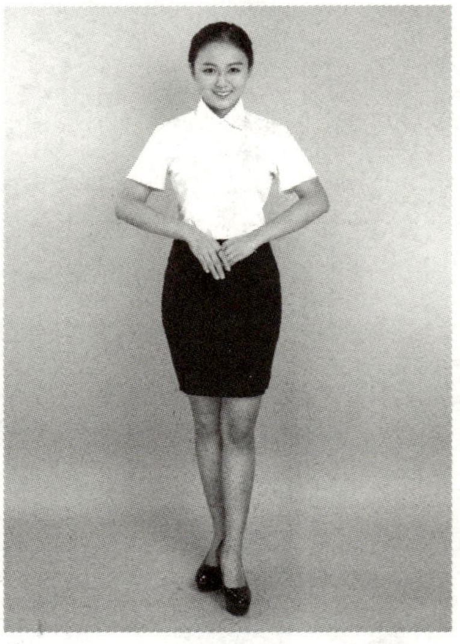

图 3-2　女士面试着装标准

女士着装标准

知识链接

面试着装注意事项

（1）求职者的着装首先应与应聘的职位相吻合；其次，应保持合理得体、简洁大方、端庄稳重，忌残破、折皱、乱穿或肮脏。

（2）女士如果穿了丝袜，在面试出发之前可以在手提包里多准备一双，以防袜子破损。

（3）尽量少戴或不戴首饰，因为制服、正装本身是一种不需要装饰品的衣服。

（4）女士穿的高跟鞋不要超过 7 厘米，否则会影响整体形体、腿型及走姿等。

（5）全身着装不得超过 3 种颜色。

二、干练利落的发型

发型在整个仪容中是十分重要的组成部分，选择适合自己的发型是提升个人形象的点睛之笔。一个人的发型不仅可以直接反映出这个人的精神面貌，还可以看出这个人的品味和对细节的关注程度。

总体而言，发型的选择要以自然大方、干练利落、整洁美观为原则。

◆ 男士的发型要求

（1）男士的发型要求轮廓分明，两侧鬓角不得长于耳廓中部，发尾最长不得超过衣领上限，前面发线必须保持在眉毛上方，不能遮住眼睛。

（2）男士的头发可以使用发胶、摩丝等定型，不得有蓬乱的感觉。

（3）发色必须保持自然的黑色，不允许染成其他颜色。

（4）禁止出现光头、板寸、鸡冠头或其他怪异发型。

总的来说，男士建议的发型标准如图 3-3 所示。

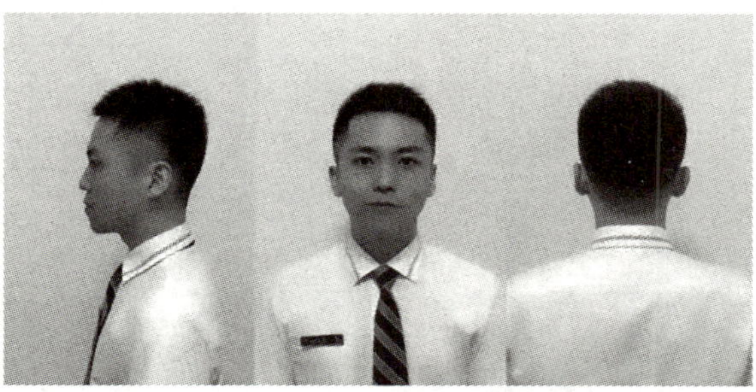

图 3-3 男士面试发型

◆ 女士的发型要求

（1）发型方面，长短都行，但不能染鲜艳颜色，不能剪怪异发式。

（2）头发要盘起来，不要刘海，如果有刘海的，也最好在眉毛以上。留短发者，两侧的短发勿遮住脸颊。

（3）椭圆形脸的女士适合于各种发型，但发式不要太过复杂，以自然简单的发型为主。圆脸形女士可选择垂直向下的发型，将顶部的头发适当丰隆，脸颊两侧的头发适当收拢，可使脸形显长。

扫一扫

女士盘发技巧

总的来说，女士建议的发型标准如图 3-4 所示。

图 3-4　女士面试发型

课堂互动

娜娜的脸圆圆的，拥有一双大眼睛、一个高鼻梁和一张樱桃小嘴，十分可爱。她将要参加某航空公司的面试，请问她比较适合什么样的发型？

三、清新淡雅的妆容

（一）面试妆容的基本要求

求职者的面试妆容要求清新淡雅、美观大方，如图 3-5 所示。这样的妆容会使求职者看起来干净、利落、有精神，这也是面试礼仪的一部分。整体妆容色彩可参考各航空公司的宣传照。

图 3-5　女士妆容标准

（二）面试妆容的上妆技巧

扫一扫

女士上妆技巧

（1）粉底：应选择与自己肤色相近的颜色，以使脸部与脖颈之间无明显界限。

（2）腮红：腮红的颜色以粉色为宜，可根据自己的脸型决定腮红的位置。上腮红后可用散粉轻轻盖一层以防脱落。

（3）眉毛：眉毛的颜色应接近头发颜色，应修剪整齐。女空中乘务员妆容最大的特点就是淡雅，成熟稳重，所以眉毛和眼妆千万不要画的太夸张，只要顺着自己的眉形化即可，平眉、自然眉形或者微微上挑都可以。

（4）眼影：在选择眼影颜色时，建议眼影颜色为粉紫色或大地色（浅咖啡色、浅棕色、珊瑚色）。不能使用颜色过于浓烈和夸张的眼影，不能出现烟熏妆。

（5）睫毛：① 应选择黑色眼线，且线条描画要光滑，禁止使用假睫毛；② 要使用黑色眼线把睫毛根部的空隙填满。

（6）眼线及隐形眼镜：眼线以黑色、深棕色为宜（眼线不可描的过重、过长，以清新自然为主）；隐形眼镜只能使用透明色，不能使用黑色、深棕色等颜色的隐形眼镜。

（7）口红：口红的选择要遵循自然大气的宗旨，颜色最好不要过于跳跃。参加不同航空公司的面试时，最好选择与各航空公司宣传照中人物的口红颜色一致或相近的颜色。

（8）手和指甲：① 双手保持清洁健康，指甲修剪整齐美观；② 指甲长度不超过手指尖 3 毫米，各手指甲长度应保持一致；③ 指甲油仅限于透明色或者正红色，不能使用亮片荧光效果的指甲油。

（9）香水：香水以清香淡雅的花香型为主，不可使用味道过于浓烈或刺激的香水。

政策引领

民航首个乘务员职业形象规范正式发布

2021 年 5 月 17 日，由中国航空运输协会编制的《民航客舱乘务员职业形象规范》正式对外发布，这是我国民航业首个关于乘务员职业形象的团体标准，被认为将进一步助力提升整个行业的知名度、美誉度及社会公众对行业的信赖度。

自 1955 年至今，中国民航客舱乘务员队伍经历了从无到有、从小到大的发展历程，从“十八姐妹”到今天的 10 万客舱人，民航客舱人服务着广大的国内外旅客，职业形象也在日益提升，展现了“真情服务”“民航形象”。《民航客舱乘务员职业形象规范》是客舱乘务员职业形象管理工作的规范，旨在为民用航空公司设计客舱乘务员职业形象提供基础性和通用性规范，为促进中国民航客舱队伍整体建设，强化队伍“真情服务”意识，“立足小客舱，服务大世界”，提升乘务员职业形象和促进客舱安全做出努力。

该规范既有很多民航特色的要求，如民航客舱服务具有安全限制、特情限制和空间限制，制服剪裁应合体，套装穿着以方便乘务员工作为主，最大限度地降低不安全因素；空勤登机证在进入候机楼隔离区域或上下飞机时，应规范佩戴；着制服期间不应喧哗打闹等。又有很多符合时代要求的新内容，如做好自媒体管控，不泄露旅客隐私；仅在工作值勤期间穿着制服，不穿着制服乘坐公共交通工具或进行私人活动等。

第二节 面试中的行为举止礼仪

案例导入

礼仪决定成败——面试中的行为举止决定面试结果

一家公司的人事部经理端正地坐在招聘桌前。他面前的求职者半躺在椅子上，跷着二郎腿，还不断地摇晃着。从专业知识和技能方面来说，虽然这位求职者十分出色，但是他的行为举止却令人事部经理非常恼怒，使经理全然没了对其进行面试的兴趣。不用说，这个求职者肯定落选了。事后，这位经理说："想想这样的人，将来他到我的团队里面不是我来管理他，而是我来伺候他了，所以最后我把他给淘汰了。"

由此可见，求职者在面试时应该对自己的行为举止有一个明确的认识。好的行为举止会给面试官留下一个好印象。但是，不恰当行为举止是会让面试官反感的。

思考：求职者在面试时应怎样规范自己的行为举止呢？

行为举止是指受思想支配而表现在外面的活动，主要包括人的动作与姿态。它是我们言语和仪表的重要辅助行为，在交际活动中具有重要的意义。

一、自信微笑、大方得体

自信是一个人内在魅力的体现，而微笑则是一个人表达自我的方式。在求职过程中，求职者的自信微笑往往会成为其成功通过面试的法宝。

（一）微笑的意义

（1）微笑可以帮助求职者消除紧张感，让其以平静的心态应对面试。

（2）微笑是礼貌的象征，是人际交往的润滑剂，会心而善良的微笑可以拉近求职者与面试官之间的距离，增进两者的沟通，令面试气氛变得融洽和愉快。

（3）微笑是自信的标志。面带微笑，表明求职者对自己的能力有充分的信心，这样容易使面试官对其产生信任感。

（4）面带微笑可以展示一个人的风度、风采，有利于求职者塑造自己的形象。

（5）微笑是航空公司服务品质的首要体现。因此，面试时面带微笑，会让面试官觉得你具备从事民航工作的基本素质。

课堂互动

（1）图 3-6 给出的是同一个人物的两种表情，请大家说一说你更喜欢哪种表情？

图 3-6　微笑的力量

（2）在你的生活中有这样两个人。一个人对你满面冰霜，横眉冷对；另一个人对你面带微笑，温暖如春。某天他们同时向你请教一个关于学习上的问题，请问你更乐于回答谁的问题？

（二）面试微笑标准

（1）面部表情和蔼可亲，伴随微笑自然地露出 6～8 颗牙齿，嘴角微微上翘。

（2）微笑时真诚、甜美、亲切、善意、充满爱心。

（3）口眼结合，嘴唇、眼神含笑。

（三）微笑的练习方法

扫一扫

微笑的练习方法

微笑服务是航空公司对民航服务人员最基本的要求。因此，参加航空公司面试时，面试官常常会要求求职者面带微笑。但有些人却表示很苦恼，觉得自己不会微笑，或者笑起来不好看。下面就来介绍几种常见的微笑练习方法，以帮助大家练就完美的微笑。

1．哆来咪练习法

双唇放松，大声、清楚地逐个唱出【哆】【来】【咪】三个音，最后一个音拉长的同时嘴角上翘。确保每个音节发音正确，嘴型到位，如图 3-7 所示。

图 3-7　哆来咪微笑练习

2. 含箸法

选用一根光滑的筷子横放在嘴中，用门牙轻轻咬住，露出 8 颗牙齿，如图 3-8 所示。开始练习时可以先坚持 5 分钟，然后逐渐到 10 分钟、20 分钟至半小时。

图 3-8 含箸法微笑练习

3. 对镜练习法

站在镜子前，以轻松愉悦的心情，调整呼吸，自然顺畅。静心 3 分钟后，开始微笑，双唇张开，嘴角微微翘起，面部肌肉展开，如图 3-9 所示。

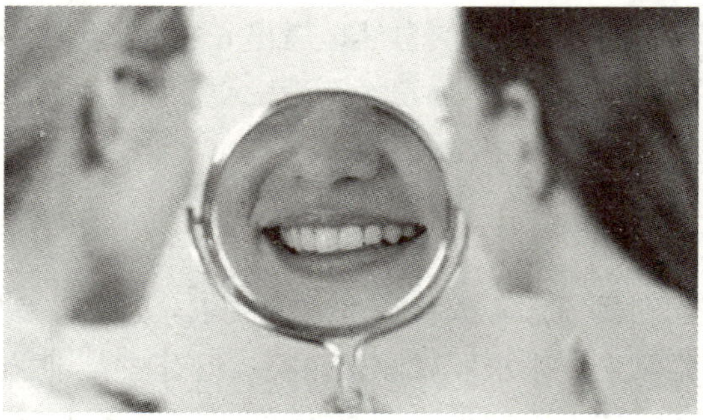

图 3-9 对镜微笑练习

知识链接

微笑是各国人都能读懂的世界性语言，学会微笑吧！

法国巴黎被称为微笑的城市，在法国很多服务企业的墙上和橱窗里都张贴着一首著名的《微笑》诗，诗中写道：微笑一下并不费力，但它却产生无穷的魅力，受惠者变得富有，施与者并不贫穷。它转瞬即逝，却往往留下永久的回忆。富者虽富，却无人肯抛弃；穷者虽穷，却无人不能施与。它带来家庭之乐，又是友谊绝妙的表示。它可使疲劳者解乏，又给绝望者以勇气。如果偶尔遇到某个人，没有给你应得的微笑，那么就将你的微笑慷慨地给予他吧！因为没有任何人比那不能施与别人微笑的人更需要它。

二、举止端庄、彬彬有礼

行为举止贯穿面试中的各环节，求职者从进入面试间到离开面试间的一举一动都被面试官收入眼低。因此，求职者要想给面试官留下良好的印象，就要做好面试中的每一步。

（一）敲门礼仪

（1）求职者在进入面试间前，无论门是开着的还是关着的，都应该先敲门。敲门的标准是以单手食指弯曲后敲门，每间隔 0.5 秒敲一下，共敲三下，敲门力度大小应适中。

（2）敲门后要等待面试官应答，如果没听到应答声，求职者应等待 3 秒后再次敲门，如果仍没有听到应答，则可以 3 秒后推门进入。

（3）进入后，无论进来前门是开着的还是关着的，求职者都要将门关闭，且关门时尽量避免整个背部正对面试官，应向面试官坐的方位轻轻侧转身约 45°再关门。

（二）问好和鞠躬礼仪

扫一扫

鞠躬礼仪

进入考场后，求职者应走到距离用人单位为其准备的座位前 3～5 步的位置站定，沉着冷静地看着所有面试官并说：“各位考官好，我是×号考生”，最终眼神落在中间的主考官上，行鞠躬礼。

行礼时，男士的双手自然下垂，贴放于身体两侧裤线处，女士的双手下垂或搭放在腹前（右手搭在左手上）。在标准站姿的基础上，上身向前倾 30°，如图 3-10 所示。弯腰速度适中，眼神随身体自然下看，切忌鞠躬时仍抬眼看向面试官，之后抬头直腰，目视面试官，等待回应。当面试官应答“请坐”时，求职者应先说“谢谢”，然后以适中的速度走向座位，轻轻拉开座椅，自然坐下。

图 3-10　鞠躬礼仪

注意：求职者进入面试室时，要等面试官请你入座，你才可以就座。如果面试官还没有开口就顺势坐在椅子上的人，已经扣掉了一半分数了。若对方一直没请你入座，你可以适时提出请求：“我是否可以坐在这呢？”得到对方允许后先道谢，然后坐下来。

（三）坐姿礼仪

扫一扫

坐姿礼仪

面试的坐姿包括就座的姿势和坐定的姿势。坐姿是体态美的主要内容之一，对坐姿的要求是“坐如钟”，也就是说，坐相要像钟那样端正稳重。端正优美的坐姿，会给人以文雅稳重、自然大方的美感。其特点是安详、雅致、大方、得体。

1．坐姿要点

（1）入座时。动作要轻而稳，走到座位前转身，轻稳坐下，不应发出嘈杂的声音。

（2）坐下后。上身保持挺直，头正颈直、下颌微收、双目平视前方或注视对方；双肩平齐、放松下沉。

（3）坐稳后。身体一般只占座椅的 2/3。男生两手掌心向下，叠放在两腿上。女士两手掌心向下，右手叠放在左手之上，平放在大腿根部；两腿自然弯曲，上身与大腿、大腿与小腿皆成直角，小腿垂直地面；两膝之间的距离，男士以岔开一拳的距离为宜，女士应双膝并拢无间隙。如图 3-11 所示。

图 3-11　标准坐姿

知识链接

女士常见的三种坐姿

（1）正襟危坐式。又称最基本的坐姿，适用于最正规的场合。要求：上身与大腿、大腿与小腿皆成直角，小腿垂直于地面，双膝双脚完全并拢，如图 3-12 所示。

图 3-12　正襟危坐式坐姿

（2）双腿叠放式。将双腿一上一下交叠在一起，交叠后的两腿之间没有任何缝隙，犹如一条直线。双腿斜放于左右一侧，斜放后的腿部与地面呈 45°，双脚的脚尖应垂向地面，如图 3-13 所示。

图 3-13　双腿叠放式坐姿

（3）双腿斜放式。双膝先并拢，然后双脚向左或向右斜放，力求使斜放后的腿部与地面呈 45°，如图 3-14 所示。

图 3-14　双腿斜放式坐姿

2. 坐姿禁忌

（1）忌跷二郎腿并不停抖动。

（2）忌猛坐猛起。

（3）忌紧贴着椅背坐或只坐在椅边。

（4）忌把手放在相邻座椅的靠背上。

（5）忌有小动作，如玩笔、摸头、伸舌头等。

扫一扫

站姿礼仪

（四）站姿礼仪

站姿是人静态的造型动作，是其他动态身体造型的基础和起点。优美的站姿能显示出一个人的自信，衬托出美好的气质和风度，并能给他人留下美好的印象。

1. 站姿要点

◆ 女士标准站姿

（1）挺胸收腹，头要摆正，目光平视，将下颌微微收回，面带微笑。

（2）双肩放松、双手自然并拢，右手搭在左手之上且虎口交叉轻贴于腹前。

（3）双膝并拢，两腿绷直，两脚跟靠拢，脚尖分开约 30°，呈 V 字型或丁字型，身体重心落于两脚正中。如图 3-15 所示。

图 3-15　女士腹前握指式站姿

◆ 男士标准站姿

男士的站姿要稳健，站如松；从侧面看，头部、肩部、躯干与双腿应在一条垂直线上。身体中正，下颌微收，双目平视前方，面带微笑，抬头挺胸，如图 3-16 所示。双手可以取下面任意一种姿势：

（1）双手置于身体两侧。

（2）左手搭在右手上叠放于体前。

（3）双脚平行分开，两脚间距离与肩同宽，两手在背后轻握放在后腰处。

（4）一手放于体前一手背在体后。

图 3-16　男士站姿

2．站姿禁忌

（1）忌弯腰驼背、挺肚后仰、歪脖、曲腿、翘臀等。

（2）忌双手叉腰、放进裤袋或抱在胸前。

（3）忌东倒西歪、左摇右晃。

3．站姿训练

1）背靠背站立

两人一组背靠背站立，要求两人后脚跟、小腿、臀、双肩、脑后枕部相互紧贴。

2）顶书训练

在头顶上放一本书，保持书的平衡，以检测是否做到头正、颈直，如图 3-17 所示。

图 3-17　顶书训练

3）背靠墙站立

具体动作是脚后跟、小腿、臀部、双肩、背部和后脑都紧贴墙壁，面朝前，双目平视，如图 3-18 所示。

图 3-18　背靠墙训练

（五）走姿礼仪

走姿是站姿的延续，是展现人物动态美的重要形式。民航初试时经常有一环节就是绕着现场走一圈（见图 3-19），因此大家要非常注重自己的走姿。

图 3-19　民航面试走姿

扫一扫

走姿礼仪

1．走姿要点

面试时，从进门那一刻你便在走路，正确的走姿应当身体直立、收腹直腰、两眼平视前方，双臂放松在身体两侧自然摆动；脚尖向正前方伸出，跨步均匀，两脚之间相距约一只到一只半脚，步伐稳健，要有节奏感。起步时，身体微向前倾，身体重心落于前脚掌，行走时身体的重心要随着移动的脚步不断向前过渡，而不要让重心停留在后脚。

2．走姿禁忌

切忌一些缺乏自信的小动作：男士应避免把弄衣衫、领带及将手插进裤袋内；女士不宜拨弄头发。

（六）目光礼仪

在与面试官交流时，应礼貌地正视对方，注视的部位最好是面试官的两眼和额头中间形成的三角区；目光平和而有神，专注而不呆板。如果同时有多个面试官在场，说话的时候要适当用目光扫视一下所有人，以表示对他们的关注和尊重。回答问题前，可以把视线投在墙面上两三秒，让面试官觉得你在思考；回答问题时，则应该把视线收回来。

面试运用眼神时，需要注意以下四个方面：

扫一扫

目光及告别礼仪

（1）初次见面时，可凝视对方稍久一些，这既表示自信，也表示对对方的尊重。

（2）双方交谈时，应注视对方的额眼之间，表示重视对方并对其发言感兴趣。

（3）当双方缄默不语时，就不要再看着对方，以免加剧冷漠、不安的尴尬局面。

（4）当别人说了错话或显拘谨时，务请马上转移视线，以免对方把自己的眼光误认为是对他（她）的嘲笑和讽刺。

（七）告别礼仪

当求职者回答完面试问题时，应以一句“我的回答完毕”（或类似语句）作为结束语。之后主考官示意面试结束后，应微笑起立，然后道声“再见”，自然离场并关门。关门时要轻声，不要随手一带，等门完全关闭后，才算结束了这场面试！

课堂互动

（1）到某公司面试时，你的表现是（　　）

A. 与对方面对面时，一动不动的直视对方的眼睛

B. 等候时间较长，还不见面试官出现，有点不耐烦，左顾右盼

C. 进门时，先轻敲门，得到允许方进入

D. 面试时比较紧张，双手不停抖动

（2）同学们在一起讨论问题时，你的表现是（　　）

A. 认真听取每位同学的意见，轮到自己发言时再发表相关意见

B. 不管其他人怎么想，自己先说个痛快

C. 对某位同学的发言有异议，立刻打断并讲出自己的疑问

D. 对其他同学的发言不屑一顾，嚼着口香糖做其他的事情

第三节　面试中的语言表达礼仪

案例导入

谈吐礼仪须重视——错误的语言表达方式

张萌的求职意向是国内三大航空公司，经过层层筛选，她如愿进入了中国国际航空股份有限公司和中国南方航空股份有限公司的最后一轮面试。最后这个面试设置了一个比较独特的环节：高层领导终面环节！

能在数千大军中进入到最后一关已经实属不易。然而，在见到最高领导时，她特别紧张，以致于她在跟中国国际航空股份有限公司的领导谈话时支支吾吾、磕磕绊绊，导致领导压根没听明白她想表达的意思；在跟中国南方航空股份有限公司的领导谈话时，由于是英文面试，她重复一个英文单词数遍，唯恐对方听不清楚，直至那位领导亲自打断并说明他已经明白了张同学的意思，她才明白该适可而止。结果是两家航空公司都在最后面试时将她拒之门外。

思考：在面试过程中，要怎样做才能够清晰、准确地表达自己的观点？

面试礼仪不仅局限于着装、妆容、举止，而且包括语言、表情、神态。如果说外部形式是面试第一张名片，那么语言就是第二张名片，它客观反映了一个人的文化修养和内涵修养。

语言表达能力是航空面试的重要测评要素。本节将重点介绍求职者在面试时应该把握的语言表达礼仪。

一、发音标准、吐字清晰

对于求职者来说，面试过程是一个推销自己同时也是与面试官交流的过程。如何让面试官在短时间内了解你、喜欢你并且最终留下你。我们首先要做到的是能够让对方听清楚自己说的话。所以，在面试时求职者要用规范的语言，做到发音标准、吐字清晰且表达流利，并控制好自己的音量和语速。

扫一扫

语言表达礼仪

1. 语言规范

求职者在面试时要用标准的普通话，不可讲错字、不可用日常俚语、方言、口头语或网络用语等不规范的语言。因为这些不规范的语言会给面试官带来理解上的困难，从而不利于双方的沟通。

2．音量适度

面试时声音过大会令人厌烦，容易给人一种缺少涵养的感觉；而声音过小又难以使对方听清楚你在说什么，还会给人一种不自信的印象。因此，音量的大小要根据面试现场情况而定。如果是两人面谈且距离较近时，声音不宜过大；而如果是群体面试且场地开阔时，声音不宜过小，以每位面试官都能听清楚你的讲话为原则。

3．语速适中

求职者在面试时要注意自己的语速，不可太快，亦不可太慢。因为语速太快，不仅容易导致思维与表达脱节，而且容易使面试官听不清楚；但如果语速太慢，又会显得拖沓，无法吸引面试官的注意力。因此，在表达时语速一定要适中，一般情况下，语速保持在 120～140 字/分钟比较合适。

4．语调正面

求职者在跟面试官进行交谈时，语调要肯定、正面，尽量避免中、英文夹杂，尽量少用语气助词，如嗯、啊等。避免给人一种用语不清、不认真及缺乏自信的感觉。

二、条理清晰、脉络分明

当一道题目有很多作答角度时，求职者在表达自己的观点时往往容易抓不住问题的实质，会想到哪说到哪，导致面试官找不到你讲话的要领。所以，在面试时一定要注意语言的逻辑性和层次感，可以用第一、第二、第三或首先、其次、再次等逻辑词进行分条阐述。少用“可能”“也许”“大概”等模棱两可的词语。

注意：分条阐述时，应尽量避免在前面说明“原因为以下×条或对策为以下×条”。因为你在阐述时，很可能突然有了新思路，这时就可以多加一条进来；亦或者你的答题突然思路中断，其中有一条没有用上，那么事先规定×条就会让自己很难堪。求职者可用：我将从以下几点分析原因、从以下几个方面来解决这个问题等来进行作答。

三、谈吐幽默、风趣自信

说话时除了表达清晰以外，适当的时候可以插一些幽默的语言，使谈话变得轻松愉快。尤其是当遇到难以回答的问题时，机智幽默地语言有助于化险为夷，并能够显示出自己的聪明智慧，从而给人以良好的印象。

课堂互动

在一次乘务长的面试中，一位求职者的仪容仪表、行为举止都比较得体，而且也较好地回答了面试官提出的问题。这时，面试官提出了这样一个问题：按照你的面试情况，好像也够乘务长的条件。不过，因为我们招聘的名额有限，很可能委屈你当一名普通的乘务员，不知你意下如何？

讨论：假定你是这位求职者，这时你会怎么回答？

四、专注认真、态度诚恳

专注认真、态度诚恳主要包括以下几个方面。

（1）首先，要专心。始终以饱满的精神状态，专心致志地注视着面试官，将注意力集中在他说话的内容上。同时，在面试官说话时，求职者要给予回复，以表示听懂或赞同其说的话。如果你一时没有听懂对方的话或有疑问，可以用婉转而诚恳的语言提出不明确的部分，请对方解释一下，这样既能弄清问题的要点和实质，又能让对方在心理上觉得你听得很专心，对他的话很重视。

（2）其次，要真诚。知之为知之，不知为不知。一个人的知识是有限的，即使准备得再充分，也难免遇到自己不懂的问题。在面试中，求职者千万不能不懂装懂。因为在面试时遇到不懂的问题是很常见的，其目的也许是测试求职者的心理素质，考查求职者对待未知领域和突发事件的处理能力。所以，在面试时万一遇见自己不会的题，一定要实事求是、开门见山地向面试官坦白自己的盲点。但是实事求是并不等于完全放弃回答，求职者也要充分发挥自己的主观能动性和创造力，尽力去回答，并向面试官表态，回去后一定查清楚，今后要全面提升自己的知识水平。

案　例

应变能力测试

某出版社招聘文案，小郑前去应聘。面试中，面试官指出："你说你爱好写作，可是我看了你填的报考表，在'自我评价'栏中居然出现了三处语法错误，现在既没有多余的表格，也不准涂改，你怎么办？"小郑听罢吃了一惊，心想填表时自己是字斟句酌的，怎么会有三处错误呢？但时间不允许他多想。他当机立断，回答说："为了弥补失误，我可以在表后附一张更正说明，上面写上：'某某地方出现了三处语法错误，实属填表人的粗心，特此更正，并向各位致歉。'不过……"他停顿一下说："在发出这份更正说明之前，我想知道是哪些错误，因为不能无的放矢，错误地发出一份更正说明，我不愿意再犯这种错误。"

> 他的机智应对令面试官们笑了。其实他的报考表并没有错误，这不过是面试官设的一个圈套，用以考查他的自信心和反应能力。从表达角度看，他的得分主要在于后半部的补充说明。这一段内容的表达十分完美，滴水不漏，印证了他机敏全面，认真仔细，一丝不苟的品格，从而赢得了好评。

（3）再次，要耐心。面试的目的是让对方了解你、信任你、接受你，而不是与面试官比高下。面试官提起的任何话题，你都应耐心倾听，不能表现出心不在焉或不耐烦；不也不要在别人讲不清楚时，流露出烦躁或不满意的神情；更不要在对方讲不同意时，听不下去而反驳或争执。要尽量让对方兴致勃勃地把话讲完。如果确实需要插话，应先征得对方同意，用商量的语气问一下：“请等一下，让我插一句”或“我提个问题好吗？”这样可以避免对方对你的误解。

复习与回顾

一、问答题

1. 面试的基本礼仪主要包括哪几个方面？
2. 面试官对求职者的第一印象由哪些内容构成？
3. 面试时，求职者需要向面试官行多少度的鞠躬礼？

二、简答题

1. 简述下最适合面试的妆容、发型与服饰。
2. 简述面试时的站姿和坐姿要点。
3. 简述在面试中怎样恰当地运用语言表达方面的技巧。

三、情景模拟

南航初面流程

初试：

（1）目测面试者的形象气质，包括站姿、坐姿、走姿、眼神的交流、微笑等。

（2）每位面试者依次说“各位评委好，我是×号”“南航欢迎您”，然后行 30°鞠躬礼。面试官目测面试者的正面、侧面和背影，接着排队绕场地一圈。

任务要求：

根据背景资料中的情景，进行模拟。

实施步骤：

（1）教师组织学生分组（6 人一组），并选出小组负责人。

（2）学生一人扮演面试官，5 人扮演面试者，模拟背景资料中的情景。

（3）每小组在模拟时，其他小组要认真观看，并做好记录。

（4）模拟结束后，小组进行分析讨论。

（5）每小组派一名同学上台总结模拟结果。

请根据表 3-1 对上述任务实施的结果进行评价。

表 3-1　任务实施检测表

考核内容	分值	自评分	小组评分	教师评分	实得分
着装规范、合适、整洁	30				
站姿、坐姿、走姿、微笑符合标准	30				
语言表述正确、条例清晰、谈吐幽默自信	30				
不紧张、拘束，能够临场发挥	10				
总分	100				

第四章

民航中文面试技巧

知识目标

- 掌握民航面试时的自我介绍技巧。
- 熟练掌握民航中文面试常见问题和疑难问题的应答技巧。
- 掌握民航面试过程中的提问技巧。
- 熟悉民航面试时化解各种危机的技巧。

能力目标

- 能撰写符合自身实际的中文自我介绍，以及能用普通话做自我介绍。
- 能轻松应答面试中面试官提问的问题，以及能巧妙地反问面试官。
- 能熟练处理面试中遇到的一些危机事件。

素质目标

- 培养与人沟通的能力，提升职业素养。
- 培养沉着、冷静、自信的心理素质，提高随机应变能力。

面试不仅是面试官考查求职者各方面条件是否优秀的过程，也是求职者考查面试单位及提供的岗位是否符合自己期望的过程。为了达到各自的目的，双方的沟通就必须是有效的。那么，从求职者的角度看，要达到有效的沟通，就必须掌握一定的面试技巧。

本章将为大家介绍面试时自我介绍的技巧、应答问题的技巧、提问问题的技巧，以及化解面试时出现的各种危机的技巧。

第一节　自我介绍技巧

案例导入

紧抓重点，把握关键——失败的自我介绍

研究生毕业的小刘很健谈，口才甚佳，对于自我介绍，他自认为不在话下，所以他向来不做任何准备。他的求职目标是某航空公司的地勤一职。某天，他向该公司投递了一份简历，不久后他接到了公司的面试邀请。

面试当天，面试官让小刘用 1 分钟时间做下简短的自我介绍。小刘在介绍完自己的姓名、身份和学历情况之后，大谈起了民航业的发展趋势。3 分钟过去了，面试官看他没有要停下来的意思，不得不打断他的说话，然后又礼貌性地问了一些简单的问题，就结束了这场面试。

思考：① 小刘在自我介绍时犯了什么错误？② 假定你将参加一场面试，面试官让你用 1 分钟时间做自我介绍，你会如何安排自己的介绍时间及内容？

在招聘面试中，自我介绍几乎是不可或缺的环节。因此，能够通过自我介绍获得对方的认可是一种非常重要的求职技能。那么，在这样一个重要的环节中，求职者应该如何做简短、完整而又准确的自我介绍呢？

一、自我介绍的时间把控

一般来说，自我介绍贯穿了民航面试的初试、复试、终试等各个环节，但每个环节自我介绍的侧重点不尽相同。通常来说，大多数航空公司在初试时常会选用简短的自我介绍形式，时间大都控制在 1 分钟左右；而在复试和终试时则会选用详细的自我介绍形式，时间大都控制在 3 分钟左右。所以求职者需要各准备一份 1 分钟和 3 分钟的自我介绍，以应对不同环节的面试，“一招吃遍天下”是行不通的。

此外，求职者在做自我介绍时，一定要严格按照要求把握时间，既不能超时太长，也不能过于简短。一般以规定时间前 5 秒左右结束为宜，结束太早会让面试官觉得你抓不住重点、表达能力欠佳；而结束太晚又会让面试官误以为你缺乏经验。

知识链接

面试官在面试前大都已经看过了求职者的简历，那么，为什么还要让其在面试时再做一次自我介绍呢？是想考查求职者哪些方面的素质呢？

（1）考查求职者自我介绍的内容和递交的简历内容是否相冲突。

（2）考查求职者的逻辑思维能力、语言表达能力和提炼概括能力。

（3）考查求职者对现场的感知能力和把控能力。

（4）考查求职者初步的自我认知能力和价值取向。

（5）考查求职者对时间的掌控能力。

二、自我介绍的内容把控

自我介绍的内容不存在好坏之分，但存在是否得当之别。下面是简短的自我介绍和详细的自我介绍所应包含的内容。

1. 简短的自我介绍

民航面试一般都遵循公平公开的原则，求职者不能说姓名，只需要介绍自己的编号、身高、体重、专业、学历、兴趣爱好、性格特点等基本信息即可。但也不乏个别航空公司有其他特殊的要求，如果有不同的要求，求职者只需按照要求做自我介绍即可。

扫一扫

简短的自我介绍

案　例

简短的自我介绍范例

尊敬的各位领导，上午好！

我是本组 2 号选手，今年 20 岁，身高 180 厘米，体重 65 千克，就读于广东民航大学空乘专业，在大学期间我通过了英语六级考试。2018 年参加过全国高等院校空乘专业推介展示会，并且获得了航空知识问答银奖和服务技能银奖。我致力于加入这个蓬勃发展的行业，愿为这个伟大的事业奉献出我的青春和活力！希望老师们能够认可我，给我一个机会。谢谢大家！

2. 详细的自我介绍

详细的自我介绍通常会包含以下内容。

（1）除了介绍个人的基本信息外，还可以结合自身的性格特点、兴趣爱好、家庭情况、学术背景、求学历程、理想抱负等，选几个与应聘职位相关的或者个人认为很重要的信息进行介绍。

（2）介绍自己的技能特长、专业知识，取得的成绩等信息，以突出自己的能力。

（3）谈一些自己对应聘公司的了解或应聘职位的规划等信息。这样既可以表达出求职者对所应聘航空公司的渴望，也可以展示出求职者对面试的重视程度。

（4）最后，在结尾处通常采用类似“希望各位评委老师能够给我一次机会，谢谢！”“我渴望从评委老师这里得到一次让梦想飞翔的机会，谢谢！”等短语作为整个自我介绍的结束语。

案 例

详细的自我介绍范例

尊敬的各位领导，你们好！

很荣幸能得到东方航空公司的这次面试机会。我是本组31号选手，今年21岁，身高163厘米，体重46千克，就读于中国航空航天大学民航服务专业。我喜欢微笑、喜欢礼仪、喜欢生活充满激情与挑战。我的梦想是能够成为一名空中乘务员，工作在蓝天白云间，仰观宇宙云卷云舒，俯瞰祖国大好河山。

在校期间我是校礼仪社的一员，曾多次参加各种大型的迎宾、礼仪等活动。因而具备了足够的耐心和信心，也更好地锻炼了与人交流沟通和待人接物的能力。

在2021年6月，我将走出校门，走向社会，我想以自己的知识、能力、热情和认真的工作态度回报社会、回馈父母及证明自我。假如我到了相应的岗位上，我会以认真的态度与同事一起维护飞机和旅客的安全、会以阳光的笑容回馈领导和旅客们的信任，我有信心能够做好这份工作。希望能够得到这个与东方航空公司共同成长的机会。谢谢大家！

三、自我介绍的言语把控

自我介绍说容易也容易，因为自己是最了解自己的；但是说难也难，因为不是什么都适合在面试场合说，这个尺度是较难把握的。下面是我们总结出的四个要点，以供读者参考。

1）要详略得当，不要报流水账

很多求职者在做自我介绍时大都会按照由远及近的时间顺序来表述，因为这样的表述方式最容易。但是该表述方式往往难以突出重点，不容易让听者接收到你想表述的重点信息。

国外曾经做过一个实验，选取了100对夫妇，妻子在丈夫出门前按照时间顺序以报流水账的方式交代了七件事，结果回家后大部分人只做了一件事，少部分人做了两件事，只有极个别的人做了三件事，七件事都做的一个没有。显然，以报流水账的方式与对方讲东西，很难留下记忆点。因此，求职者在面试时要做到层次分明、重点突出，这样才能使自己的竞聘优势显露出来。

课堂互动

您好，我叫李帅，2020 年 6 月毕业于唐山一中，之后考入河北工业大学的机械自动化专业。在校期间，我做过一次家教，后在鸡排店做过一个月店员……，这次应聘贵公司的行政助理岗位，主要是因为贵公司知名度高、福利好，另外公司离我家较近，上班方便。如果公司愿意录用我，我一定会努力工作，一定不会让您失望的。

思考：请问李帅的自我介绍是否吸引你？如果没有吸引力，你会建议他怎样改正？

2）要实事求是，不可吹得天花乱坠

求职者在证明自己确实有能力胜任所应聘的工作职位时，可以介绍一下自己做过的项目、参与过的活动，或适当地引用老师、同学等第三方的言论来支持自己的描述。但是，要坚持以事实说话，不可夸大其词。当然，在实事求是的基础上，可以使用一些小技巧，例如，选择适当的措辞进行表述。

古代有一个将军老是打败仗，他给皇帝写奏章时经常写：臣屡战屡败。结果，皇帝觉得他能力不足，只要是打仗就一定会输。之后，别人建议他写：臣屡败屡战。他听取了建议，没过多久，皇帝在上朝时表扬了她，说他有永不言败的精神。

3）要口语化，不要使用书面语言

求职者在表述时切忌以背诵朗读的口吻介绍自己，否则易被面试官误认为你比较“做作”乃至“做假”。求职者应使用灵活的口头式语言进行表述。

4）语气平和，语调恰当，音量适中

自我介绍时，求职者在语气方面应注意两点：① 最好多用平缓的陈述语气，不宜使用感叹语气或祈使句；② 音量的大小应根据面试现场情况而定。两人面谈且距离较近时声音不宜过大，群体面试且场地开阔时声音不宜过小，以每个人都能听清你的讲话为原则。

第二节　面试过程中的问题应答技巧

案例导入

只有德才兼备，才能行稳致远——回答问题需谨慎

某公司在选拔人才时注重五大指标——谦、诚、勤、敏、勇。许经理经常参加公司新员工的面试工作，他在面试时最喜欢问的一个问题是：请给我十个非用你不可的理由。

求职者说："我这个人很勤快。"

"请问你怎么证明？"

求职者说："我这个人反应很快。"

"请问你怎么证明？"

求职者说："我这个人很敬业。"

"请问你怎么证明？"

许经理说，就这么反复问来问去，一些求职者开始否定自己，开始他认为自己有很多优点，但一个一个证明下来，他把自己认为的优点一个一个又推翻了。一般来说，等问到第五六个问题的时候，不少求职者就没有继续下去的勇气了。

其实，就用这么一个问题，就能测验出应聘者多方面的素质。① 能看出他是不是有勇气突破自己，是否勇于坚持；② 能看出他是不是勤于思考，是否对自己有清醒的认识；③ 能看出他是不是够机敏，是不是诚实，是不是谦逊。

思考：如果你参加了一场该公司的面试，你会如何回答许经理提出的问题？

面试是找工作的必经之路，而能否通过面试除了求职者自身的能力外，也跟面试过程中的应答表现有关。世界上虽然没有 100%成功的面试，但是求职者可以掌握一些问题应答技巧来提高面试的成功率。

本节将重点介绍面试中常见问题的应答技巧、疑难问题的应答技巧，以及应答环节应该注意的事项等内容。

一、常见问题应答技巧

虽然说每家民航企业都有各自选拔人才的标准，但总体上都大同小异。下面将给大家介绍一些面试时常见问题的应答技巧，以供参考。

（一）常见问题及应答技巧

1. 个人信息类问题及应答技巧

（1）你有什么业余爱好？

应答技巧：① 不可直接说自己没有业余爱好，也不要说那些庸俗的或令人感觉不好的业余爱好；② 不要说自己的爱好仅限于读书、听音乐、上网等，因为这样说可能会让面试官怀疑你性格孤僻；最好加一些户外的、能表现团队精神的或与职位相关的业余爱好，如爱好旅游、跑步、打篮球等。

（2）谈谈你的缺点。

应答技巧：① 不宜说自己没有缺点，或者把那些明显的优点说成缺点；② 不宜说与工作相关的缺点；③ 可以说一些与所应聘工作无关的缺点，甚至是一些表面看是缺点，但从工作的角度看却是优点的缺点。例如，我脾气太急，具体表现在：① 我打心眼里不喜欢磨洋工的人，总想尽快完成工作；② 我如果遇到干活投机取巧的人，常常不会给人家面子；③ 我如果工作干不好，就会跟自己过不去，自寻烦恼。这样的回答表面上是自责性子急的毛病，其实是在说自己雷厉风行、工作有责任心。

（3）谈谈你的优点。

应答技巧：① 找出自己的三至五个优点；② 每个优点找出几个例子，举例最好来自学习、工作和生活等三个方面，而不是仅仅来自一个方面；③ 在这三到五个优点之中，精选出一两个和所申请职位最吻合的优点。

（4）你最崇拜谁？

应答技巧：① 不宜说自己没有最崇拜的人或崇拜自己；② 不要说一个虚幻的、不知名的或者带有负面影响的人；③ 所崇拜的人最好与自己的工作有一定的关系，并说出此人的哪些良好品行感染了自己。

（5）你的座右铭是什么？

应答技巧：① 不宜说引起不好联想的座右铭；② 不宜说太抽象的座右铭，而且说的座右铭最好能反映出自己的某种品质；③ 不宜说太长的座右铭。

（6）谈谈你的一次失败经历。

应答技巧：① 不宜说自己没有失败的经历，更不宜把明显的成功说成失败；② 重点说明经历这次失败之前，自己曾信心百倍且尽心尽力，仅仅是由于一些外在的客观原因而导致失败的，最好还要说一下自己失败后又快速振作起来了；③ 不宜说严重影响所应聘工作的失败经历。

（7）谈谈你的家庭情况。

应答技巧：① 简单地罗列下自己的家庭人口；② 宜强调温馨和睦的家庭氛围和家庭成员的良好状态；③ 宜强调家庭成员对自己工作的支持；④ 宜强调自己对家庭的责任感。

（8）假如你和你的好友同时去一家公司参加面试，你希望谁能被录取？

答题技巧：假如我和我的好友都能被录取，那是我最幸福的事情了，但如果我有幸突围成功，我会安慰她，并帮助她分析失败的原因，然后鼓励她下一次好好发挥。而如果您选择了她，那么我会为她高兴，同时找出自己的不足，下次如果有机会我还会再来的。

（9）如果你这次面试没有被录用，你怎么打算？

答题技巧：现在的社会是一个竞争的社会，有竞争就必然有成功和失败。如果我这次失败了，我会这么做：① 我会接受这个现实，勇敢地面对这次失败，并且给自己打气；② 我会认真反思并总结这次面试，辩证地看待自己的长短得失；③ 我会克服这次失败带给自己的心理压力，然后加强学习，提高自身素质，以后如果有机会我仍会再次参加。

2．职业生涯类问题及应答技巧

（1）放弃别的航空公司而要和我们一起工作的理由是什么？

应答技巧：建议从企业、行业和岗位三个角度回答，最好说一下自己有哪方面的特质与贵公司比较符合。

（2）如果有两家航空公司都想录用你，你会选择哪家？

应答技巧：如果有两家航空公司录用我，我会非常高兴，很感激他们对我的认可。但是在做选择时，我一定会很慎重，我会看那家公司更适合我，能为我提供良好的成长环境和工作平台。同时，慎重选择既是对公司负责任，也是对自己负责。

扫一扫

常见问题应答技巧

（3）如果我们录用你，你将怎样开展工作？

应答技巧：最好不要直接说出自己开展工作的具体办法，可采用迂回战术来应答。如“我会首先听取领导的指示和要求，就有关情况进行了解和熟悉，接下来制定一份近期的工作计划并报备领导批准，最后根据计划开展工作。”

（4）你是应届毕业生，缺乏经验，如何能胜任这项工作？

应答技巧：要体现出求职者的诚恳、机智、果敢及敬业。如“作为应届毕业生，在工作经验方面的确会有所欠缺，因此在校期间，我一直在这个行业里做兼职。我发现实际工作远比书本知识丰富、复杂。但我有较强的责任心、适应能力和学习能力，而且比较勤奋，所以在兼职中均能圆满完成各项工作，从中获取的经验也令我受益匪浅。请贵公司放心，学校所学及兼职的工作经验使得我有一定的能力能够胜任这项工作。”

（5）什么是服务？

应答技巧：服务是指为他人做事，使他人从中受益的一种有偿或者无偿的活动。民航服务工作者的职责属于后者，是不以任何回报为前提，发自内心的为旅客提供服务，使旅客感到温馨与舒适。

（6）工作中，你认为有哪些可预见的困难？

应答技巧：① 不宜直接说出具体的困难，否则可能会令面试官怀疑你的能力；② 可以尝试迂回战术，说出面对困难所持有的态度。例如，可以说“工作中出现一些困难是正常的，也是难免的。世上无难事，只怕有心人，我相信只要我有坚忍不拔的毅力，任何困难都是能够克服的。”

（7）你觉得怎样做才能成为一名优秀的乘务人员？

应答技巧：首先，应该具有良好的服务意识；其次，要热爱自己的工作和事业，有良好的心理素质和社会责任感，有良好的职业操守和职业素质，性格开朗大方，乐意为他人服务，并且不怕苦不怕累。

（8）假设你在工作中成绩比较突出，得到了领导的肯定。但同时你发现同事们越来越孤立你，你怎么看待这个问题？你准备怎么办？

应答技巧：① 成绩比较突出，得到领导的肯定是件好事情，以后更加努力；② 检讨一下自己是不是对工作的热心度超过了同事之间交往的热心，如果是这样，我会加强与同事的交往及培养共同的兴趣爱好。

3．情景模拟类问题及应答技巧

（1）假设一位旅客的手机丢在了航班上，他向你求助，你会如何处理？

应答技巧：首先，我会安抚旅客的情绪，并让旅客努力回忆一下手机是在什么时间、什么地方丢的；其次，我会让旅客写个书面材料，以帮助后期工作人员寻找手机；最后，我会答应旅客帮忙积极寻找，并在找到后尽快与该旅客取得联系。

（2）在飞机飞行过程中，如果有旅客晕机，该如何处理？

应答技巧：① 如果旅客晕机情况较轻，首先我会给旅客换一个距离发动机较远又靠近窗口的座位，这样既能减少噪音，又能扩大视野。然后，我会提醒他集中精力，可以看看书或听听音乐，从而缓解晕机现象。② 如果旅客晕机情况特别严重，我会让其仰卧，并固定好他的头部，然后用热毛巾擦脸或放一块冰袋在他的额头部位。最后，请附近旅客换到其他座位上，避免晕机的旅客发生呕吐，弄脏其他旅客的衣服。

（3）如果机舱里有小孩哭闹打扰到旅客，应该如何去做？

应答技巧：建议从孩子、家长、旅客三个角度思考并作答。例如，首先，我会跟被打扰的旅客道歉，安抚旅客情绪。然后，我会试图跟小孩进行沟通，使他安静下来。如果是哭闹的婴儿，我会和看护孩子的家长沟通。因为有些婴幼儿哭闹是由于无法适应高空气压，这也是属于正常现象，这时我会查看飞机上是否还有空着的座位，如果有空位，我会将哭闹的孩子及其家长调换到旅客较少的座位上去。

（4）你的乘务长本身对你有成见，并在你为旅客服务的时候当众指责你，但你是冤枉的。这时一位旅客帮你说话，并指责乘务长的不是，你会怎么办？

应答技巧：无论这位旅客的理由有多充分，但毕竟客舱内始终是乘务员工作的区域，要展现出一个航空公司团结的精神风貌，作为服务一线的乘务人员，切记不能当着旅客的面和自己的同事吵架，有什么事情可以在飞机落地后解决。如果遇到此类情况，我会对这位旅客说："我是一名新乘，肯定有许多地方做的不好，乘务长才会批评我，以后我会积极地向乘务长和其他同事学习，谢谢您的好意。"

（5）如果有旅客故意找茬，你会怎么办？

应答技巧：如果是因为我的工作失误造成的，我会虚心接受并立即改正。如果是因为旅客误解造成的，我会积极沟通、主动作为，用扎实、有效的工作换取旅客的理解。

（6）飞机在飞行途中，旅客们发现一位当红影星，很多旅客争着向明星索要签名，此时你会怎么做？

应答技巧：在飞行途中，如果大量旅客涌向一端，会对飞机平衡造成威胁。这时我会通过广播跟旅客解释说："女士们、先生们，由于飞机上的配平都已经固定好了，大量旅客涌向一侧，会对客舱平衡造成威胁，所以，为了大家的安全，请您回到自己的座位。再说旅途过程是很辛苦的，我们让这位影星也好好休息，等飞机落地后再向她索要签名吧！"

（7）飞机起飞时间已经到了，但由于空中流量的原因，飞机无法按时起飞，机舱内温度已经很高，有的旅客非常急躁，你会怎样为旅客提供服务？

应答技巧：首先，我会先向旅客道歉，并说明飞机无法正常起飞的原因；然后，我会为每一位旅客倒一杯冰水或冰饮料降温。

（8）一般客舱内最后一排座椅是不能调整靠背的，一位旅客坐在客舱最后一排座位上，飞机起飞后，前排旅客把座椅靠背调了下来，影响到了后排旅客的空间，后排旅客要求前排旅客将座椅靠背调整到正常位置，但被前排旅客拒绝了。随后，后排旅客把乘务员叫了过来处理该情况。如果你是乘务员，你该怎么办？

应答技巧：首先，我会巡视客舱是否有空座位，如果有空座位，我会把这位旅客调过去，这样可以很好地避免两个人的冲突。但如果航班满客，我会向前排的旅客说："先生/小姐，打扰您一下，您后面这位旅客的座位为最后一排，椅背不能向后靠，您能不能把您的坐椅靠背调一下，让后面的这位旅客坐的舒服一些，非常感谢您的合作。"

（9）假如你在机舱里不小心摔倒了，当时很多旅客都看到了，你会怎么做呢？

应答技巧：我会利用幽默的语言缓解尴尬。比如：立刻站起来，向旅客说我刚才的举动是一个错误的示范，所以，请大家在机舱内走动时一定要小心。

（10）遇到酒醉的客人怎么处理？

应答技巧：针对酒醉的旅客，首先，我会把他调到旅客较少的区域，并安排一位家属或乘务员陪同，以避免该旅客出现闹事行为。其次，我会为其准备一条湿（冷）毛巾，并泡上一杯绿茶，晾温后让家属辅助该旅客喝一些。因为茶叶中所含的单宁酸能分解酒精，酒醉后多喝茶，酒精中毒的程度会减轻。

另外，个人了解到有几种水果可以解酒：① 香蕉：饮酒过量中毒轻者，立即吃 3～5 个香蕉，可清热凉血，润肺解酒；② 梨：中毒严重者可用梨汁灌服；③ 西瓜：一次口服 300 克西瓜，解酒效果很好。如果机舱内有这类水果，我会为该旅客提供。

课堂互动

（1）老师将全班同学分成若干小组，每组 3 人。其中两名同学分别扮演乘务员和旅客，另一名同学观察并做记录。

（2）表演内容：飞机起飞前，旅客请求乘务员给他倒一杯水用来吃药。乘务员很有礼貌地说："先生，为了您的安全，请稍等片刻，等飞机平稳飞行后，我会立刻把水给您送过来的。"

但过了半小时后，飞机早已进入了平稳飞行状态，该旅客也没有收到乘务员送来的水。于是，他按响了服务铃，乘务员听到铃声后来到该旅客旁，乘务员猛然意识到自己忘记给这位旅客倒水了。这时她面带微笑地说："先生，实在对不起，由于我的疏忽，延误了您吃药的时间，我感到非常抱歉。"

在接下来的时间内，乘务员和旅客的故事情节该如何发展，请同学们自行补充并表演，每组的表演时间不超过 5 分钟。

4. 观点看法类问题及应答技巧

（1）如果一个人 20 岁不漂亮，30 岁不富有，40 岁不健康，50 岁不智慧，那么她的人生就是失败的，你如何看待这句话？

应答技巧：上面提到的这个观点也许是社会公认的价值观，但这个观点是非常偏颇的。因为每个人的世界观、人生观、价值观都不同，只要努力追求自己想要的东西，并能够从中得到快乐，那就是成功的。换句话说，一个人的成功或失败与这个人的年龄、样貌、才华、财富等是无关的。

课堂互动

治理白色污染需共同行动

作为塑料制品的生产和消费大国，我国每天使用塑料袋约 30 亿个。由于巨大的消耗量以及对环境造成的负面影响，史上最严的“限塑令”开始在全国范围内实施，治理“白色污染”按下了快进键。

在“限塑令”的持续升级下，民航业也在迅速跟进解决塑料污染问题。2021 年 5 月 25 日，中国民用航空局印发实施《民航行业塑料污染治理工作计划（2021—2025 年）》，对当前及今后一段时期加强行业塑料污染治理提出了阶段性目标，并作出具体工作安排，深入推进民航业绿色发展。

思考：① 作为一名普通乘客，我们可以为飞行减塑做些什么？② 在日常生活中，你会如何“减塑”？

（2）有人说：“文凭不如水平，水平不如酒瓶，酒瓶不如摆平”，你是如何看的？

应答技巧：① 这句话反映了在有些用人单位里，掌管人事的人存在以权谋私，甚至行贿受贿的违法乱纪现象；② 这种现象会影响到对人才的选拔和任用，无法做到人尽其才。更为严重的是，如果这种现象发生在国家机关里，将会败坏政府形象，影响党和政府的威信；③ 该现象之所以存在，主要是因为法制不健全，制度不完善，监督不到位造成的。所以，相关部门应该进一步规范选拔人才的制度，对人才选拔的过程加强监督，从法律、制度、措施上杜绝这种现象的发生。我相信，随着相关制度的进一步完善，这种现象一定会得到根除。

（3）吸烟有害健康，但烟草又是我国的重要财政收入，你怎么看待这个问题？

应答技巧：① 这是一个充满矛盾的问题，我们要辩证地看待。首先，应加大吸烟有损健康的宣传力度，让人们充分认识到吸烟对人体所产生的危害；其次，应加快烟草方面的科技创新，多生产一些对人体产生较小危害的香烟制品，研制一些能够充分过滤香烟中有害物质的吸烟工具。② 烟草虽然是国家的重要财政收入，但是烟草还有其他的功用，不一定非要用于生产香烟。所以，加快对烟草其他功用的开发和有效利用，进行产业结构的调整和转移，势在必行。

课堂互动

据媒体报道，近日，位于朝阳区麦子店西街的一家涮肉店里，一位女士就餐时发现隔壁桌几位食客在抽烟，向店内工作人员反映无果后，这名女士录制视频曝光此事，其间遭到一名抽烟男子的阻挠。

思考：这名女士发视频曝光食客抽烟后，有网友为其点赞，也有网友认为此举是多事、矫情。对此，请谈谈你的看法。

（二）其他常见问题汇总

（1）你认为自己的核心竞争力是什么？

（2）你大学学的是什么专业？最喜欢哪门专业课？

（3）你擅长社交吗？

（4）你认为自己的英语水平如何？

（5）学生时代令你印象最深的一件事是什么？

（6）你为什么想当一名乘务员？

（7）你父母对你当乘务员怎么看？

（8）谈谈你对加班的看法。

（9）如果有一个外国朋友来中国，请为她介绍三样最能代表中国特色的东西。

（10）如果旅客觉得餐食很好吃，想多要一份，但当时又没有备份，你会怎么做？

（11）如果旅客在飞机上推销产品，你会怎样处理？

（12）旅客在就餐时吃出头发，向你反映情况，你会怎么办？

（13）旅客对你的服务很满意，要给你小费怎么办？

（14）舱门马上要关闭了，旅客要下飞机怎么办？

（15）旅客对娱乐系统不满，说节目都已经看过了，你应该如何解释？

（16）如果旅客已熟睡，没有系好安全带，遇到突然的颠簸时，你是否需要叫醒该旅客？为什么？

（17）请说一说你所了解的国内外的航空公司。

（18）请说一说你所知道的鸡尾酒的种类。

（19）假设你是机舱乘务员，当你在供应饮品时，只剩下最后一瓶饮料了，但这时两名旅客都想要，此时，你会怎么做？

（20）有两位互相认识的旅客，他们隔着另外两位旅客而坐。旅途中，他俩说话声音很大，影响到其他旅客，你应该如何提醒？

（21）一名旅客在机舱里脱掉了鞋子，有一位旅客偷偷告诉了你这件事情，此时，你会怎么做？

（22）在用餐时间，前排的旅客将座椅靠背调低并且已熟睡，他影响到后排的旅客用餐，此时，你会怎么做？

（23）你对吸烟问题如何看？

（24）旅客对餐食的口味或质量不满意，你应该如何解释？

（25）如果在飞行过程中，你和同事发生争执，这时你会如何处理？

（26）飞机上的毛毯不够发怎么办？

二、疑难问题应答技巧

面试是一场求职者与面试官斗智斗勇的过程，面试官不仅会提问一些常见的问题，有时还会提问一些让人难以回答或者令人尴尬的问题。比如，家庭与事业的问题、工作中跟上级领导或同事关系的问题等。那么，如何回答这类问题呢？

扫一扫

疑难问题应答技巧

（一）疑难问题及应答技巧

（1）在完成某项工作时，你认为领导要求的方式不是最好的，自己还有其他更好的方法，你会怎么做？

应答技巧：① 原则上我会尊重和服从领导的工作安排，但私底下会找机会以请教的口吻，委婉地表达自己的想法，看领导能否改变观点；② 如果领导没有采纳我的建议，我依然会严格按照领导的要求认真地完成这项工作；③ 但是，对于涉及公司安全或利益的重大问题，我会坚决提出反对意见，如领导仍固执己见，我会选择向上级领导反映。

（2）如果我们公司这次没有录取你，但是过一段时间被录取的人中有没能通过试用期的，腾出位置来再通知你，你还会再来吗？

应答技巧：老师，那就说明我是一个“替补队员”了，能给一个强队当“替补队员”也是一件很光荣的事，我肯定会高高兴兴地来。再说，“主力队员”都是从“替补队员”干起来的，只要我今后努力工作，肯定会从“替补队员”升为“主力队员”的。现在，我既然是“替补队员”，就说明我还应该付出比“主力队员”更大的努力，才能满足公司的要求。我相信我肯定能努力成为公司的“主力队员”，为公司做出我最大的贡献，谢谢老师给我机会。

（3）如果公司给你的工资标准没有达到你简历上的工资要求，你还来我们公司吗？

应答技巧：工资是我需要考虑的一个问题，但公司更是我要考虑的问题。我更看中的是一个公司的企业文化、发展前景，以及我在公司的发展平台。再者说，每个公司都有自己的工资标准，我相信，只要我的能力达到公司的职位要求，公司也不会给我比别人低的工资，如果我的能力达不到公司的职位要求，我提的工资再高，也是不合适的。

（4）工作中你难以和同事、上司相处，你该怎么办？

应答技巧：① 我会从自身找原因，仔细分析是不是自己工作做的不够好，拖了团队的后腿，给别人添了麻烦，从而让领导和同事不满意；② 我还会检查自己是否为人处世方面做得不好，让别人看不惯，引起别人的反感，如果是这样的话，我会努力改正；③ 如果自己没能发现合理的原因，我会直接以坦诚的态度与领导、同事沟通，希望他们指出我的不足，我会即时改正。总的来说，如果在工作中遇到这类问题，我会以大局为重，即使在一段时间内，领导和同事对我不理解，我也会做好本职工作。

（5）家庭和工作你觉得哪个更重要？

应答技巧：工作和生活之间确实存在矛盾，但并不是不能解决的。正常情况下，我会以工作为重，兼顾家庭。

案 例

一问一答展示说话的艺术

两名教徒在祷告时吸烟。教父发现后非常生气地说道："你们怎么能在祷告的时候吸烟呢？"他质问其中一名教徒："你平时祷告的时候吸烟吗？"这名教徒回答道："是的，我祷告的时候吸烟！"然后，这名教徒遭到教父的一顿痛斥。

教父又问另外一名教徒："你平时祷告的时候也吸烟吗？"

"不！教父。"另一位教徒回答道，"我平时在吸烟的时候也做祷告！"

教父很满意地笑着说："很好！这是可以的。"

分析：从以上案例中可以发现两名教徒说的其实是一回事，但两种回答方式却呈现出了截然不同的效果。这说明了一个问题：如果求职者能够利用一些作答技巧回答面试官的问题，也许会呈现出不同的效果。

（二）其他疑难问题汇总

（1）如果同事孤立你，你会怎么办？

（2）如果领导抢了你的功劳，你会怎么办？

（3）面对领导或同事的批评，你会怎么办？

（4）如果这次面试你未被录取，你会做哪些努力？

（5）如果你被录用，你会与我们共事多久？

（6）假如你和你的同学同在南航工作，成绩相当，但两年后，她晋升为了乘务长，成了你的上司，你会怎么想？

（7）假如你现在已经升为乘务长，在一次飞行中，两位空姐为了一件很小的事情背地里吵了起来，此时，你该怎么做？

（8）如果中了彩票大奖，你还会工作吗？

（9）一般来说，如果长期从事比较琐碎的事，可能会让人丧失进取心，谈谈你是如何保持进取心的。

（10）碰到不好沟通的同事，她非常不配合你，你会怎么办？

（11）你是否计划在近期生育？

（12）好友向你借了 500 元，你现在又特别需要钱，你会怎么办？

（13）如果是因为你的工作失误，给本公司造成了经济损失，你会怎么办？

三、应答环节注意事项

（一）表达正确观点

在面试应答中，观点是灵魂。如果观点不正确，所答的一切都是徒劳的。所以，面试时要先思考再回答，遵循“停顿——思考——回答”三部曲。面试官所问的问题往往带有试探性，如果求职者不加思考就回答问题，就很容易掉入面试官设计的陷阱中。

（二）突出答题重点

求职者在回答问题时要把握答题重点，且要言简意赅，避免让不得要领的长篇大论浪费有限的面试时间，或者让多余的话冲淡主题。要知道，回答不是炫耀你的知识有多渊博，而是要让面试官听懂你回答的重点。

突出答题重点的办法是：结论在前，议论在后，即先将自己的中心思想表达清晰，然后再进行论证。

案　例

把握关键、化繁为简才能成功

有人曾经请教马克·吐温：“演说词是长篇大论好呢？还是短小精悍好？”他没有正面回答，只讲了一件亲身感受的事：“有个礼拜天，我到教堂去，恰逢一位传教士在那里用哀怜的语言讲述非洲传教士的苦难生活。当他说了 5 分钟以后，我马上决定对这件有意义的事情捐助 50 元；当他接着讲了 10 分钟，我就决定将捐助金减到 25 元；当他继续滔滔不绝地讲了半个小时以后，我又决定减到 5 元；最后，当他讲了一个小时，然后拿起钵子从我面前走过的时候，我已经厌烦之极，1 分钱也没有捐。”

从上面的例子中，我们可以看出，马克·吐温通过自身的经历，向求职者说明：短小精悍的演讲，其效果事半功倍；而冗长空泛的演讲，不仅于事无益，反而有碍。类似地，面试回答问题亦是如此，应把握关键、化繁为简。

（三）突出个人见解

面试官有时候一天需要接待若干名求职者，相同的问题问若干遍，类似的答复也要听若干遍。因此，如果你的回答千篇一律，通常会让面试官觉得乏味、枯燥。但如果你能对同一个问题提出独到的见解，就会引起面试官的兴趣。

比如，某公司有一道著名的测试题：“井盖为什么是圆的”。如果你回答“圆的不像方的，不会掉进洞里”，那么这只是一个相对正确的普遍性答案；如果你回答“因为下水道盖子很重，所以做成圆的比较容易随处滚动”，这虽然不是大多数人眼中的正确答案，但能够证明你善于表达个人见解，而不是人云亦云，因此这也是很好的回答。

（四）表达浓厚兴趣

浓厚的兴趣和执着的爱好是事业成功的基础，也是企业用人的重要标准。求职者在参加面试时，如果能够从容自如地表达出你对招聘单位的熟悉和对所求职位的浓厚兴趣，就能离成功更近一步。

案 例

用兴趣敲开应聘公司的大门

某航空公司在众多的求职者中对卢某产生了良好的印象，原因是当问及他并非是航空专业的，为何要报考本公司时，卢某回答道：“我爸爸原来当过飞行员，从很小的时候，我就对飞机产生了浓厚的兴趣，都偏爱飞机题材的玩具、图书，长大以后利用业余时间涉猎了许多航空知识，我的最大愿望是致力于祖国的航空事业。而且我所学的专业就是市场营销，如果我能在贵公司的市场开发部门工作，我会为航空事业的发展贡献我毕生的力量。”面试官听到他的表述后，决定录用他到市场开发部工作。

分析：浓厚的兴趣和执着的爱好是事业成功的基础，也是企业用人的重要标准之一。一个既有市场营销特长，又对本行业有着浓厚兴趣的毕业生，自然会受到用人单位欢迎。

（五）态度不卑不亢

不卑不亢的态度对求职者来说尤为重要，这是一种胸有成竹的风格和进退自如的交际策略。

面试时，有的求职者自恃学历高，在面试场合不注意基本的交际礼节，随意打断考官的话，并且不遵从考场工作人员的指导。这样的求职者展现的并不是自己的风采与锋芒、信心与勇气，而是自己的目空一切、恃才自傲。这样的处世风格在面试场上是不被喜欢和接受的。相反，另外一些求职者一味地低声下气、唯唯诺诺、小心翼翼。这样被动的应试风格，会让面试官低估你的真实能力和水平，甚至对你提不起兴趣。这两种态度都是不可取的。

第三节　面试过程中的提问技巧

案例导入

认清自己，合理提问——请不要高估了自己的能力

经过3年的磨炼，张艳觉得自己各方面的能力都有了显著提高。当她在网站上看到一家知名外企在招聘部门经理秘书时，她信心十足，认为以自己眼下的资历去得到这个职位简直是易如反掌，然而天不遂人愿，张艳最终却栽在了最后的提问环节上。

张艳最后提问的两个问题分别是：① 听说贵公司遭受金融风暴的打击较深，这一季度公布的财务报表不是很好，请问公司有什么对策吗？② 最近很多消费者反映你们的产品存在质量方面的问题，导致产品销售量直线下滑，请问贵公司准备如何应对呢？

面对张艳的提问，面试官很有礼貌地笑了笑，并用标准的公关辞令回避了这些问题。张艳在面试之后自我感觉良好，却一直都没接到对方公司的录取通知。

思考：张艳为什么没有收到录取通知？

几乎所有求职者都会为一场即将到来的面试苦心准备一番，但不少求职者还是倒在了面试环节的最后5分钟。根据一项在线调查显示：超过97%的面试官都会在面试的最后时刻抛出一个看似漫不经心的问题："你还有什么问题要问我们的吗？"

面对这个问题，求职者千万不可掉以轻心！因为，面试官问这个问题的真实意图是为了进一步测试求职者对应聘职位有多大的兴趣和热忱。如果求职者在这个时候不知该从何问起，或者直接回答没有问题，面试官可能会认为其看不上这个机会，或者认为其缺少思考，缺乏沟通能力和应变能力。相反，如果求职者能够适时地提出一些漂亮的问题，将会加深面试官对求职者的印象。

一、提问的总体建议

总的来讲，求职者向面试官提问要把握好时机，切勿打断面试官说话。提问时要礼貌得体，不要钻牛角尖，切勿提出一些过于专业、复杂且需要很长时间回答的问题来试图难倒面试官，这样做只能是作茧自缚，弄巧成拙。除此之外，求职者在提问时还应注意以下三个问题。

（一）控制提问的数量

通常情况下，求职者向面试官提问问题的数量以 3～5 个为宜。问题数量太少显得没有意向或缺乏意愿，问题数量太多又会显得把握不住提问的重点。

（二）把握好提问的方向

求职者提问的目的是为了了解更多的与应聘工作相关的情况，而不是为了讨好或者敷衍面试官。因此，提问的问题要具有实质意义，应尽量紧扣岗位职责、企业文化等内容。例如，应聘职位应承担的具体责任及所面临的挑战是什么？该职位典型的工作任务及工作目标是什么？

（三）控制提问的类型

求职者应尽量少提问封闭式问题，多提问一些开放性问题。因为开放性问题通常没有固定答案，可以让面试官畅所欲言，而封闭式问题只需要对方回答“是”与“否”，这样不仅获得的信息量少，而且也会让面试官感觉不好。

此外，求职者所提问题的涉及面应广一些，尽量做到每个问题涉及一个方面。例如，求职者如果打算提问四个问题，这四个问题可以分别涉及以下四个不同的方面：应聘职位的职责、应聘职位的领导、应聘职位的所属部门，以及应聘公司的企业文化。这样提问不仅表明求职者所关心的问题非常全面，也能够表明求职者的逻辑思维比较清晰。

二、提问的具体技巧

民航面试的初试、复试和终试等三个环节是求职者与面试官面对面交流的环节。初试一般由公司人力资源部的人员担任主考官；复试一般由应聘部门的主管或经理担任主考官；终试时通常由公司高层管理人员担任主考官。针对不同类型的面试主考官，求职者提问的问题也应有所变化。下面将分别介绍向人事经理、部门主管或经理、高层管理人员提问时的具体技巧，以及提问的问题类型。

（一）面对人事经理

求职者向人力资源部的考官提问，主要是为了获取与应聘职位有关的一般性信息。因此，求职者所提的问题不宜太难或者过于专业。

扫一扫

求职者如何向面试官进行提问

一些适合向人事经理提问的具体问题如下：

（1）贵公司对新入职的员工的培养机制是怎么样的？

（2）贵公司是否有外派、轮岗、转岗的机会？

（3）公司鼓励怎样的沟通方式？

（4）这个职位具体的考核标准是什么？

（5）入职后，我的晋升空间是怎样的？

（二）面对部门领导

部门领导是对职位和职位需求最清楚的人。求职者应该提问一些关于工作方面的问题，比如，该职位要担负什么样的责任、有什么样的挑战、部门情况等。

一些适合向部门领导提问的具体问题如下：

（1）部门的主要岗位，以及对应的主要职责是什么？

（2）未来如果我要加入这个团队，您对我的期望是什么？

（3）以您来看，这个岗位未来在公司内部的发展如何？

（4）团队成员有多少人？大家怎么分工？目前团队的核心工作是哪些？

（5）你们团队里出色的职员是怎样的？

（6）当团队取得一些成功时，你们通常会如何庆祝？

（7）是什么让您选择在这家公司工作？您在这里工作多久了？

（8）您在公司的一天是如何度过的？

（三）面对管理高层

求职者在向公司的管理高层人员（比如总裁、老板）提问时，最好少提一些涉及招聘职位具体信息的微观性问题，应重点就公司的管理风格、发展战略、企业文化、员工面貌等宏观方面提问，以便充分了解自己是否能够融入该公司的大环境。

一些适合向管理高层提问的具体问题如下：

（1）贵公司的发展目标和方向是什么？

（2）与同行业的竞争者相比，贵公司的核心竞争优势在什么地方？

三、提问的禁区

在了解可以提问哪些问题之后，求职者还应知道哪些问题不适合提。面试中应避免提问以下禁忌问题。

（1）过于关注自身利益的问题，如公司福利、薪资待遇、年假天数、年终奖金等问题。有些公司的面试官在面试时会直接向求职者提出。如果对方没有提及，对社会新人来说，在找第一份工作时，比较不适合提出，除非你有对方不得不录取你的条件。

（2）让面试官尴尬的问题，如公司现在面临的最大挑战是什么？公司有什么计划迎接这些挑战？显然，这样的问题都不是好问题。首先，作为管理高层和你一个还未出茅庐的“小朋友”去讨论公司战略层面的问题，明显是层次不对等的；其次，这样的问题往往涉及公司敏感、机密的问题，面试官不可能一五一十地回答你。

面对这种问题，有经验的面试官可能会微微一笑，反问你：“你觉得呢？要不你来谈谈你的看法？”这样，你就可能陷入被动、尴尬的局面。

（3）与应聘岗位不相关的问题。比如，你们公司的男女比例是多少？你的星座是什么？你在贵公司工作多久了？

（4）可以从应聘公司网站上轻松获得答案的问题。比如，你们公司是做什么的？问这些问题的话，面试基本上就凉了。如果你是招聘方，来面试的人连你公司是做什么的都不知道，你会不会觉得他是乱投或者就是抱着试试看的心态来的。如果求职者在面试前去了解过这个公司，肯定就不会问这个问题了。尽管你面试前没去了解，也不要问，因为如果你这样问了，就会直接向面试官透露了这样一个信息：“我不了解你的公司”。

第四节　化解面试危机技巧

案例导入

学会保持一颗平常心——紧张心理导致面试失败

李江去某公司参加面试时，面试官问他对求职单位了解多少。他由于过于紧张，脑袋里一片空白，原本看过的资料也忘得一干二净。半分钟过去后，他说道：“我面试前看过相关的资料，但是现在忘记了。”面试官对他说：“我们招人是希望他能对我们公司有所了解，你回去再多了解了解，如果以后有机会你再来吧。”

分析：该案例中的李江由于过度紧张，导致大脑一片空白，回答不出自己准备好的问题。然而这种现象并不是个例，经调查，很多求职者在面试前明明准备很充分，但在面试时却因为各种各样的原因导致发挥失常。那么，该怎样克服面试时的紧张呢？

百密总有一疏，尽管求职者在面试前都会精心准备，但是，面试是现场直播，情况往往不会完全按照事先设想好的方向发展，总会有这样或那样的突发情况。为了让求职者能够从容应对面试时常见的突发状况，下面将对这些突发情况进行总结并给出应对技巧，希望对广大求职者有所帮助。

扫一扫

如何克服面试时的紧张心理

一、如何克服面试怯场的紧张心理

面试环节具有挑战性和风险性。面对正襟危坐的面试官、强大的竞争对手和变幻莫测的试题，作为面试对象，出现紧张心理是在所难免的。因此，如何克服面试怯场的紧张心理是每位求职者必须正视的问题。

（一）做好准备

面试没有捷径，如果说真的有捷径的话，那就是做好充分的准备。这也是解决过度紧张的最有效且最实在的办法，准备的越充分，紧张的程度就越小，相应地，成功的概率也就越大。

（二）看淡得失

从心理学方面来看，造成面试紧张的根本原因是面试发展的实际情况与求职者事先的期望值之间有一定的差距。两者之间的差距越大，紧张的程度就越大。所以求职者应以一颗平常心对待面试，虽然尽了最大努力，但是要抱最小的期望，这样才能让自己没有心理负担，说不定反而会有意外收获。

案 例

以平常心对待面试，以感恩心对待结果

史蒂文斯以前是计算机程序员，听说微软公司招程序员，他就信心十足地去应聘。面试时考官问的问题是关于软件未来发展方向方面的，这点他从来没有考虑过，故而惨遭淘汰。史蒂文斯觉得微软公司对软件业的理解令他受益匪浅，就给公司写了一封信表示感谢。这封信后来被送到总裁比尔·盖茨的手中。3 个月后，该公司出现空缺，史蒂文斯收到了“微软”的录用通知书。十几年后，凭着出色的业绩，史蒂文斯当上了“微软”的副总裁。

求职面试难免遭遇暂时的失败。面对失败，如果对应聘单位或其负责人心生怨恨，不仅会显示出求职者心胸的狭窄，而且也于事无补；而如果摆正心态，以一颗感恩的心去对待应聘单位，则有可能为自己下一次应聘取胜赢得机会。

（三）树立自信

求职者拥有自信的态度和坚定的信念对面试来说是十分重要的。所以，求职者要树立自信，一个人首先要对自己有信心，才能有资格要求别人对你有信心。

二、面试现场犯错了应该怎么办

金无足赤、人无完人。任何人都会犯错，更何况在面试现场，求职者由于紧张，难免会出错。在面试时如果能知错就改、灵活应对，即便是犯了错也能被成功挽回！当然，挽回的难度高低、方式方法各不同，下面列举了一些面试时常会犯的错误及补救办法，以供读者参考。

（一）礼仪失误的补救

1）忘记敲门、关门

求职者在进考场前应先轻轻敲门，然后再进入考场并问候面试官。如果求职者因为太过紧张而忘了敲门，切忌表现得过于慌乱，也不要提及自己刚才忘记敲门要这件事了，这时就直接在进门后将门轻轻地关上，自信大方地步入考场，站定并鞠躬即可。

2）忘记鞠躬

鞠躬是在进门站定后与开场白前的举动，是求职者参加面试试讲时的重要礼仪，在一定程度上体现了求职者的谦和礼貌，能增加面试官对求职者的印象分。但若求职者因为太过紧张而忘记鞠躬就开始与面试官打招呼，而在打招呼的过程中又想起来要鞠躬，这时不可边说话边鞠躬。若在面试进行到一半时才发现自己忘记鞠躬，那就在面试问答结束之后向面试官鞠躬，然后离开考场。

（二）口误补救技巧

1）以正改错

如果求职者意识到自己说错了，就要诚实地加以纠正，不要为了面子而置之不理，最好的办法是按正确的说法再讲一遍。只要很自然地加以纠正，就会得到面试官的理解。

2）自圆其说

如果求职者察觉到自己说错了，并且觉得自己能够针对这次的口误进行一番合乎情理的阐释，也不失为一种有效的补救办法。

3）调整语意

在面试时，如果说错了话，还可以采用调整语意，改换语气等方式予以补救。例如，你本来要说“我们要注意这个字的读音，不能读成××”，口误说成了“我们要注意这个字的读音，读成××，就可以这样说“我们要是读成这个发音就是错误的”。只要考生反应敏捷、应变及时，就可以不露痕迹地纠正错误。

三、如何应对面试冷场

在面试过程中，出现冷场的原因有：① 求职者太紧张，大脑出现空白，导致冷场；② 有的面试官为了考验求职者的心理承受能力，会故意刁难，造成长时间的冷场。

许多没有经验或经验不足的求职者在遇到这种情况时往往不知所措，甚至说了一些不该说或毫无意义的话，造成自己很被动，这是不可取的。大家在遇到冷场时可以试试以下几种方法：

（1）及时总结。假如你大脑空白导致一时冷场，你可以适当地对刚才的观点进行总结和回顾。这样一来可以有效缓解一时冷场带来的尴尬；二来，这种回顾和总结非常有助于启发自己产生一些新的想法。

（2）另起话题。在遇到冷场时，可以话锋一转，把“球”踢给对方。例如，你可以适当地反问道，“以上是我个人的基本情况，对此您有什么看法吗？”或者说，“您还有什么需要了解的吗？”这样说往往能够化被动为主动。

（3）果断放弃。如果冷场出现在你回答问题时的中后段，或者你已对问题做了基本表述，这时就可以在出现冷场后果断结束答题，采取“壮士断腕”的策略，宁可少说一部分内容，也要给面试官留下精明干练，做事、讲话有条理的印象。

复习与回顾

一、问答题

1．自我介绍主要考查的是求职者哪些方面的素质？

2．求职者在回答问题时应怎样突出答题的重点？

3．假设你是一名乘务员，在你工作期间，如果有旅客故意找茬，你会怎么办？

4．求职者向面试官提问问题时，一般提问几个比较合适？

二、简答题

1．设计一个最适合自己的中文自我介绍，以文字的形式体现出来。

2．分别列举三个可以向人事经理、部门领导和管理高层提问的问题。

3．谈谈求职者应对面试冷场的一些技巧。

4．有一次，因为雷雨天气，航班无法正常起飞。一位旅客指着值机人员大声斥责道：“还不起飞，我的事情都被耽误了，这个损失谁来负责？我要索赔，我要投诉你们！”

若你是值机员，你会如何与这位旅客沟通？

三、情景模拟

背景资料：

场景一：飞机飞行途中，一位老先生突然昏倒且身边没有人陪同。

场景二：一位旅客在下飞机时发现他的身份证丢了，他很着急，因为再过 2 小时他就要转机去另外一个地方，需要身份证。

场景三：因为乘务员服务出色，有一对夫妻想要给她小费。

任务要求：

请同学们根据上述背景资料的信息编写场景对话，然后以小组为单位进行情景模拟。

实施步骤：

（1）全班同学自由组合，每组 5 人，每位同学的身份经过小组讨论后再自行设定。

（2）小组通过抽签决定出场顺序。

（3）一个小组在进行模拟面试时，其他小组要认真观察并做好记录。

（4）模拟结束后，全班同学进行分析讨论，最终评选出表现相对优秀的一组。

第五章

民航英文面试技巧

知识目标

- 熟悉英文面试自我介绍技巧。
- 掌握英文面试常用单词、句子和广播词。
- 熟练掌握英文面试过程中常见问题及疑难问题的应答技巧。

能力目标

- 能撰写符合自身实际的英文自我介绍，以及能运用英文做自我介绍。
- 能用英文翻译常见的单词、句子及朗读广播词。
- 能用英文回答面试官提问的问题。

素质目标

- 培养良好的语言、文字表达能力和沟通能力。
- 提高分析问题和解决问题的能力。

近年来，随着我国民航业的高速发展，航空公司对服务人员的需求量大幅度提高。同时，伴随着大量国际航线的开辟，航空公司对服务人员的英语运用能力要求也随之提高。因此，对英语的考查也成了航空公司面试中极其重要的一个环节，该环节的成败对整个面试的成败起到了关键的作用。

一般情况下，航空公司在面试环节中主要是通过英文自我介绍、单词或句子翻译、广播词朗读、即兴问答等方式来考查求职者对英语的掌握情况。基于此，本章将从以上几个方面进行详细地阐述，以指导求职者掌握一定的英文面试技巧，从而使求职者在面试过程中能够较好地展现出自己的英语水平。

第一节　自我介绍技巧

案例导入

正视不足，不断学习——“英语”救了人一命

小路是某航空院校的一名大三学生，在某公司招聘实习生的时候，她从众多的竞聘者中脱颖而出，但她的英语成绩并不是太理想，刚刚过四级。当时她只能与其他人进行简单的英语交流。

一次，航班上来了一位外国旅客，该旅客面露难色地向小路寻求帮助，但旅客说了半天小路也没有明白旅客在说些什么。这时，正好走过来一名英语好的同事，小路请同时帮忙翻译了旅客的需求，她这才明白原来该旅客有哮喘病需要吃药，想让她帮忙从行李箱里拿药。

这次突发状况对小路的感触很大，她意识到如果当时没有同事的及时帮忙，后果也许会不堪设想。此后，小路下定决心要把英语学好，于是，她只要一有空就学习，最终练就了一口流利的英语。

从以上案例中可以看出，英语对于民航服务人员的重要性。

思考：要想成为一名正式的民航服务人员，需要掌握哪些英语知识？

当来到一个新环境中，求职者需要通过自我介绍来让面试官了解自己。一份好的英语自我介绍，不仅可以反映出一个人的英语水平，更能展现出这个人的综合实力。所以，做好英文自我介绍是面试过程中的头等大事，求职者万万不可掉以轻心。

一、自我介绍的时间把控

求职者对英文自我介绍时间的把控要根据面试官的身份决定，因为不同的面试官考查的重点不同，所以求职者需要根据不同的考查内容安排自己的时间。比如，当面试官是中国人时，那么其主要意图是考查你的英语水平，了解你的英语发音、语法和流利程度。此时，你在做自我介绍时，一定要注重自己的发音、语法，以及能够流畅地表达。且自我介绍的时间可控制在 1～1.5 分钟，因为这个时间更能让中国面试官记住你说的话。

当面试官是外国人时，那么其考查的目的就不再是你的英语水平，而是要聆听你做自我介绍的细节，并根据你提供的细节来进行下一步的提问。此时，你在做自我介绍时，一定要在你希望面试官提问的地方放慢语速，或者用语气的变化来强调。另外，由于不同的面试官对于中国的了解程度不同，诸如人名、地名、学校名等，所以在自我介绍中提到这类词汇时，一定要放慢语速或者做简要解释。且自我介绍的时间控制在 1.5～2 分钟，因为这期间你可能需要额外做一些关于人名或地名的解释。

二、自我介绍的内容把控

（一）第一句话

见到面试官的第一句话很关键，不用说的很复杂。可以是一个简单句，但一定要铿锵有力，展示出自信和实力。

千万不要来一句“Sorry, my English is poor.”。

常见的开头有：

（1）Good morning! It’s my honor to be here to introduce myself…

（2）Good morning! I am glad to be here for this interview. First let me introduce myself. I’m Zhang San…

（二）作详细的自我介绍

英文自我介绍指的是用英文来介绍自己的个人履历和专业特长，包括姓名、年龄、籍贯、教育背景及与应聘职位密切相关的特长等。

案 例

自我介绍范例

范例 1

Good morning, everyone. It’s my great honor to attend this interview. My name is Li Li. My number is four in group two. I’m twenty years old. I graduated from Civil Aviation

University of China. In my college years, I passed CET-6. I'm outgoing and good at communicating with others. When I was a child, I dreamed that one day I could fly in the sky like a bird. So I choose to be a stewardess. Now I have the chance to make my dream come true. If I can get the job, I will try my best to do it well. Thank you!

各位早上好，很荣幸能参加此次面试。我叫李莉，来自 2 组 4 号，今年 20 岁，毕业于中国民航大学。在大学期间，我通过了英语六级考试。我是一个外向的女孩，善于与人沟通。当我还是个孩子的时候，我曾梦想有一天能像鸟儿一样在天空中飞翔。所以我选择当一名空姐，现在我终于有机会梦想成真。如果我能得到这份工作，我会尽我最大的努力把它做好。谢谢！

范例 2

Hello, everyone. I'm glad to be here for this interview. First, let me introduce myself. My name is Guo xiaoxiao. I am twenty-one years old, I come from Haidian District of Beijing, and I graduated from Beihang University. I am a lively and cheerful girl. I like to treat everything around me with a smile because a friendly smile can convey a good intention to people. To be a stewardess has been my dream since childhood. That is why I come here to compete for this position. I think I'm a good team player and an honest person. Also, I am able to work under great pressure. I believe that I am qualified for the position of stewardess in your company. That's all. Thank you for giving me the chance!

大家好，很荣幸参加此次面试。首先，请允许我做个自我介绍。我叫郭小小，今年 21 岁，来自北京市海淀区，毕业于北京航空航天大学。我是一个活泼开朗的女孩。我喜欢用微笑对待身边的一切。我认为友好的微笑可以拉近彼此，传递美好意图。成为一名空姐是我从小的梦想，这也是我来这里面试的原因。我觉得我是一个具有良好团队精神且态度诚恳的人。另外，我还能够在高强度压力下工作。我非常有信心能胜任贵公司的空姐一职。感谢各位给我此次机会！

扫一扫

中英文自我介绍范例

知识链接

在民航英文面试自我介绍时，求职者可以多使用一些修饰性词语，让面试官更加深入地了解自己。例如：

（1）能够独立工作、思想成熟、应变能力强。

Able to work independent1y, mature and resourceful.

（2）上进心强、身体健康、性格开朗。

Highly-motivated with excellent health and pleasant personality.

（3）个性稳重、具高度责任感。

A stable personality and high sense of responsibility.

（4）积极主动、独立工作能力强，并有良好的交际技能。

Positive and self-motivated, independent and good communication skills.

（5）愿意在压力下工作，并具备良好的学习能力。

Willing to work under pressure with leardership quality.

（6）能够同他人一道很好地工作。

Ability to work well with others.

（7）有良好的表达能力。

Good presentation skills.

（8）举止优雅、个人性格好。

Be elegant and with nice personality.

（9）主要具备的素质有吃苦耐劳精神、学习能力优、事业心强和身体棒。

The main qualities required are preparedness to work hard, ability to learn, ambition and good health.

（10）工作很有条理，办事效率高。

Be highly organized and efficient.

三、自我介绍的言语把控

在做英语自我介绍时，求职者需要掌握一些必备的语言技巧。

1）注意英语时态的变化运用

求职者在参加英语面试前大都做过充分的语言知识准备与练习。那么在众多的英语语法规则中为什么要单独强调时态的运用呢？其一，是因为英语和汉语的表达习惯不同，英语有时态之分，而汉语没有。一旦用错英语时态，会让面试官对求职者的英语能力产生置疑。其二，是因为在面试过程中，往往会涉及很多关于个人经历、教育背景、工作经验、职业规划等方面的问题，因此，在表述某件事情或者某个想法时，一定要注意运用正确的时态，否则将可能造成差之毫厘、失之千里的后果。

2）尊重个人及文化差异

任何面试都带有一定程度的主观性，也就是说，面试官是否欣赏你也可能成为最后的决定性因素。因此，在英语面试的过程中，应当尽量避免由于对英语语言的驾驭能力不足，而引发的不敬甚至冒犯。

具体而言，要特别注意避免两点。首先，要避免使用过于生僻的单词，或者地方俚语之类接受群体相对比较小的表达方式。因为这种表达方式很有可能造成听者的困惑与曲解。其次，要避免过多、过于主观地谈及宗教文化或时事政治方面的问题。

3）以英语为载体，展示工作才能

求职者在做英文自我介绍时，要切忌为说英语而说英语。因为该阶段的面试官通常是由航空公司的人事主管、部门主管或公司高层组成，他们更关心的是你的专业知识和工作能力。此时，英语只能算是一种交流工具。然而，有些求职者为了给面试官留下一个英语水平高的好印象，常常会使用一些事先准备好的非常花哨的词汇及句式，而当面试官提问问题时，却很少能够表达出个人的见解。这样做的结果可能是，除了得到一句英语不错的夸奖之外，恐怕很难有理想的收获。

第二节　英文面试常用专业词汇

大多数航空公司会在初试和复试时通过让求职者翻译或朗读一些常见的单词、句子或广播词等来考查求职者的英语能力。基于此，本节将重点阐述面试时常见的单词、句子及广播词等内容。

一、英文面试常用单词和句子

（一）英文面试常用单词

民航英语中有很多专业术语的词汇，这些都是固定搭配的，不得随意更改。表 5-1 列出了民航英文面试常用单词。

表 5-1　民航英文面试常用单词

英文单词	中文翻译	英文单词	中文翻译
Air China	中国国际航空公司	China Eastern Airlines	中国东方航空公司
domestic	国内的	international	国际的
boarding pass	登机牌	boarding procedure	登机手续
boarding gate	登机口	one-way or round-trip	单程或双程
departure lounge	候机室	transit passenger	转机旅客
plane ticket	飞机票	take off	起飞
security check	安检	metal detector	金属探测器
baggage	行李	carry-on bag	随身行李
baggage inspection	行李检查	baggage cart	行李推车
baggage allowance	行李限额	luggage tag	行李牌
overhead compartment	行李架	checked baggage	托运行李
camera	相机	computer/laptop	笔记本电脑
article	物品	suitcase	手提箱

表 5-1（续）

英文单词	中文翻译	英文单词	中文翻译
belongings	随身财物	briefcase	公文包
valuables	贵重物品	flight number	航班号
visa	签证	first class	头等舱
business class	商务舱	cabin	客舱、机舱
economy class	经济舱	endorse a ticket	改签航班
itinerary	旅程	available	可用的；有效的
boarding time	登记时间	destination	目的地
immigration	入境	tourist	游客
load factor	载客率	refund	退款；退还
ticket fare	机票票价	fare	费用
schedule/time-table	时刻表	cancellation	取消
travel	旅游	queue	排队
departure time	起飞时间	departure	离开；出发；起程
open the case	打开箱子	move ahead	往前
personal search	人身检查	forbidden	禁止的
conveyor belt	传送带	departure hall	候机楼
purser	乘务长	flight attendant	乘务员
ground staff	地勤人员	terminal	航站楼
wheelchair	轮椅	liquid	液体
oversize	尺寸过大	fragile	易碎的
escalator	扶梯	landing	着陆
seat belt	安全带	delay	推迟；耽搁；延误
seat number	座位号	window seat	靠窗的座位
middle seat	中间的座位	aisle seat	靠过道的座位
armrest	座椅扶手	seatback	座椅靠背
exit	出口；通道	fasten	使固定；扣紧
demonstration	示范	fasten the seat belt	系好安全带
announcer	广播员	announcement	广播词
navigation	导航	evacuate	疏散
distance	距离；远方	altitude	高度；高地
average	平均；平均数	ensure	确保；保证
of course	当然	stopover	中途停留
window blind	遮光板	electronic devices	电子设备
interference	干扰	put down	记下；把……放下
tray table	小桌板	switch off	关闭
switch on	打开	audio	音频

表 5-1（续）

英文单词	中文翻译	英文单词	中文翻译
volume	音量	channel	通道；频道
plug	插入；塞进	life vest	救生衣
oxygen	氧气	emergency equipment	紧急设备
turbulence	颠簸	airflow	气流
temperature	温度	weather forecast	天气预报
break-in area	逃生窗	inflatable slide	充气滑梯
first aid	急救	call button	呼叫按钮
emergency exit	紧急出口	emergency	紧急情况；突然事件
on schedule	如期；按时	cabin temperature	机舱温度
in the front	在前边	in the middle	在中间
in the rear	在后边	minor	未成年人
trolley	推车	reading light	阅读灯
recline	（使座椅靠背）向后倾	range	排列
cooperate with…	与……合作	return	归还；返回；报答
beverage	饮料	cigarette	香烟；纸烟
main course	主食	non-smoking area	非吸烟区
refreshment	点心	soup	汤
snack	快餐；小吃	soda water	苏打水
pure water	纯净水	on the rocks	（饮料）加冰块
juice	果汁	mineral water	矿泉水
Coke	可口可乐	Sprite	雪碧
lighter	打火机	gun	枪
liquefied gas	液化气	dagger	匕首
durian	榴莲	perfume	香水
vegetarian	素食者；素食的	vegetable	蔬菜
napkin	餐巾（纸）	alcohol	酒精
delicious	美味的；怡人的	trash	垃圾
lavatory	盥洗室；厕所	look out for	守候；照料
requirement	需要；要求	contact with sb.	与某人联系
telephone number	电话号码	unaccompanied	无人陪伴的
eyeshade	眼罩	ear plugs	耳塞
regulation	规章；规则	balance	平衡
button	按钮	switch seats	换座位
appreciate	感激；欣赏；鉴赏	Don't be afraid	别害怕

表 5-1（续）

英文单词	中文翻译	英文单词	中文翻译
solve	解答；解决	patience	忍耐；容忍；耐心
in case of	如果；假使	for the time being	暂时
introduce	介绍	uncomfortable	不舒服的；不自在的
interview	面试	disposition	性情；倾向；气质
birthplace	出生地；故乡	responsibility	职责；责任感
obtain	获得；得到	live	居住；生活
degree	学位	Bachelor’s degree	学士学位
record	成绩	scholarship	奖学金
educational	教育上的	considerate	体贴的；考虑周到的
sentimental	多愁善感的	education	教育；培养
personality	个性	healthy	健康的
creative	有创造力的	with flying colors	成功地；出色地
strong suit	优点；特长	be accomplished in	擅长于
be fond of	喜爱	team spirit	团队精神
persistent	持续的；坚持不懈的	initiative	主动性；主动精神
extroverted	性格外向	introverted	性格内向
special	特殊的	diligently	勤勉地；勤奋地
confident	有信心的	indomitable	不屈不挠的；不服输的
enthusiastic	热心的；热情的	optimistic	乐观的；乐观主义的
late arrival	晚点	weather condition	天气情况
completely	完全地；全部地	divert to	备降到
emergency landing	紧急迫降	diversion	改航；改道
navigation system	导航系统	weather	天气
ascend	上升	descend	下降
necessary	必要的	pay attention to	注意
taxi	滑行	runway	跑道
sunny	阳光充足的	taxiway	滑行道
foggy	有雾的	cloudy	多云的
rainy	下雨的	overcast	阴天的
hail	冰雹	snowy	下雪的
hurricane	飓风；暴风	aisle	过道；通道；走廊
designate	指明；标出；标示	descend	下降
in advance	提前	shut off	关闭
move about	到处走动	comfort	舒适；安慰

知识链接

英语练习小技巧

作为一名空乘，在蓝天下飞翔，与国外旅客接触的机会较多，所以，英语口语是他们的必修课，那么如何更好地练习英语口语的准确发音呢？在接下来的内容中，我们将向大家介绍几个基本的练习小窍门。

（1）不要怕说错。

一定要多说，学习英语口语最忌讳的就是不张嘴，很多时候，只有你说出来，你才能知道自己和别人哪里说的不一样，才能及时发现自己的发音问题。

（2）口腔一定要打开。

英语发音与中文发音不一样的地方在于，英语的发音很多时候不像中文发音一样口型比较扁，英语发音需要口型更加立体，比如“Our”这个词，音标为“aʊr”，这个词的发音就需要把嘴张开张大。

（3）多尝试跟读。

多听一些标准的英语磁带或者英语音频，尽量去模仿，不过，听音频的时候不仅要注意发音，还需要注意语气语调，以及断句。

（二）英文面试常用句子

民航服务人员要会使用简单的英语与旅客进行沟通交流。下面是一些常用的民航服务英语句子。

1. 登机前

（1）欢迎您乘坐南航班机。

It’s nice to have you aboard China Southern Airlines.

（2）打扰一下，能看一下您的登机牌吗？

Excuse me. May I see your boarding pass?

（3）请随我来。

Follow me, please.

（4）我帮您拿行李好吗？

May I help you with your bag?

（5）飞机起飞前 30 分钟，即上午 9:30 开始登机。

Boarding will start at 9:30 am, thirty 30 minutes before departure.

（6）飞往悉尼的 123 次航班正在五号登机口登机。

Flight 123 to Sydney is now boarding at Gate 5.

（7）乘坐飞往悉尼的 123 次航班的旅客现在请登机。

We are now boarding all passengers on flight 123 to Sydney.

（8）我们很快要请部分旅客提前登机。

We'll begin pre-boarding soon.

（9）头等舱和公务舱的旅客，以及携带小孩或者需要特殊帮助的旅客现在请您开始登机。

At this time we'd like to pre-board passengers in first class and business class, and passengers with young children or those who need special assistance.

（10）现在请座位号在 13 至 29 排之间的旅客登机。

We are now boarding passengers in rows 13 through 29.

（11）现在请所有旅客登机。

Now we'd like to begin general boarding.

（12）对不起，先生。可以让这位老先生/老太太先登机吗？

Excuse me, sir. Would you please let this old man/granny go first?

2. 起飞前

（1）由于天气恶劣，航班延误了。

The flight has been delayed because of the bad weather.

（2）由于能见度低，机场关闭，我们不能起飞。

We can't take off because the airport is closed due to poor visibility.

（3）成都的天气不太好，飞机延误了。

The weather in Chengdu is not so good, it has been delayed.

（4）早上好，女士（先生），欢迎登机！

Morning, madam (sir). Welcome aboard!

（5）请允许我自我介绍，我叫××，本次航班的乘务长。

May I introduce myself? I'm ××, the chief purser of this flight.

（6）请跟我来，您的座位在客舱中部。

Follow me, please. Your seat is in the middle of the cabin.

（7）请稍等一下，我查查看。

Excuse me for a second, I'll check.

（8）飞机马上就要起飞了，请不要在客舱内走动。

The plane is about to take off. Please don't walk about in the cabin.

（9）中国国际航空公司 CA687 次航班，上午 8:20 起飞。

Air China Flight CA687 leaves at 8:20 in the morning.

（10）为了使飞机在起飞时保持配载平衡，请您按指定的座位入座。

You should take your assigned seat, for the plane must keep its balance when it takes off.

（11）这是呼叫钮，如果需要我们帮忙，请按一下。

This one is the call button, if you need us for anything, please push it.

（12）请将您的椅背调直。

Please put the back of your seat in an upright position.

（13）让您感到舒适是我们的职责。

It's our duty to let you feel as comfortable as possible.

（14）请把您的箱子放在行李架内。

Please put your box in the overhead bin.

（15）您不能把行李放在这儿，过道不能堵塞。

You may not leave the baggage here, The aisle shouldn't be blocked.

（16）由于机械故障，航班已延误，机械师们正在对飞机进行仔细检查。

The flight has been delayed due to some mechanical troubles, The engineers are making a careful examination of the plane.

（17）由于地面有雾，本次班机将延误约两小时。

The flight will be delayed about 2 hours due to ground fog.

（18）由于空中航路拥挤，我们要等待通行许可（才能起飞）。

Owing to the heavy air traffic, we'll wait until a take-off clearance is given.

（19）我们正在等待几位旅客办理登机手续。

We are waiting for a few passengers to complete boarding formalities.

（20）如果有进一步的消息，我们会立即通知你（们）的。

If we have any further information, we'll let you know immediately.

（21）对不起，请回到座位上，飞机马上起飞，厕所暂时停用。

Excuse me. Would you please return to your seat? We are taking off soon, and the lavatory has been suspended.

（22）请您让开过道，让其他旅客通过好吗？

Could you please step aside and allow the other passengers to go through?

（23）这是本次航班的纪念品，但愿您能喜欢它。

This is our flight souvenir. I hope you'll like it.

3. 飞行中

（1）几分钟之后我们将提供饮料（快餐/餐食），请放下您前面的小桌板。

In a few minutes, we'll be serving drinks (snacks/meals). Please pull down your tray table.

（2）您想喝点什么吗？

Would you like something to drink?

（3）我们马上要供应饮料了。请放下您的小桌板。

Now we'll be serving drinks. Please pull down your tray table.

（4）您想来点热/冷饮料吗？

Would you like something hot/cold to drink?

（5）您是要淡茶还是浓茶？

How do you like your tea? Weak or strong?

（6）先生，您想要杯香槟吗？

Would you like a glass of champagne, sir?

（7）您想在饮料里放点冰块吗？

Would you like some ice in your drink?

（8）您准备现在用午餐吗？

Are you ready for your lunch now?

（9）我们马上给您提供正餐。这是菜单。

We'll soon be serving dinner. Here is the menu.

（10）我们机上配备的餐食既有中式口味也有西式口味。

Our meals on board are designed to meet both Chinese and Western tastes.

（11）我们有多种菜肴供您选择。

We have a selection of dishes for you.

（12）先生，您还要点别的什么吗？

Would you like more of anything, sir?

（13）您的牛排要几分熟？三分熟、五分熟还是全熟？

How do you like your steak done? Rare, medium or well-done?

（14）对不起，鱼没有了。您能换一道菜吗？我们有……您想来点吗？

I'm sorry. There is no more fish left. Can you make a change? We have chicken. Would you like some?

（15）这是您的小菜，这是您的牛排，请慢用。

This is your side dish and this is your steak. Please enjoy your meal.

（16）对不起，我们服务时您睡着了，没有叫醒您，现在您想喝些什么？

Sorry, you were sleeping while we served. I didn't want to interrupt you. Now, what would you like to drink?

（17）对不起，让您久等了。

I'm sorry for keeping you waiting.

（18）我可以清理小桌板了吗？

May I clear your table now?

（19）您想看报纸或者杂志吗？

Would you like to read newspapers or magazines?

（20）我们的飞机目前比较颠簸，请系好安全带。

Our plane is bumping hard. Please keep your seat belt fastened.

（21）您可以拉下遮阳板，关掉阅读灯，系好安全带，这样您就能好好休息一下了。

You could draw down the window-shade and turn the reading light off and fasten your seat-belt so that you can take a good nap.

（22）为确保飞行和通信系统的正常操作，请您不要使用手提电话。

In order to ensure the normal operation of airplane navigation and communication system, you are kindly requested not to use your cellular phone receiver.

（23）请您现在回到座位上系好安全带好吗？

Would you please return to your seat and fasten your seat belt now?

（24）当安全带信号灯亮起来的时候，比如颠簸时，您应该把孩子从摇篮中抱起，抱在怀里，系好安全带。

You should remove your baby from the bassinet whenever the fasten seat belt sign is switched on, for example, during turbulence, and hold your baby in arms with the seat belt fastened.

（25）对不起，请你们几位谈话声音小些，以免影响其他人休息。

Excuse me, but could you talk softly to avoid disturbing the others.

（26）别太紧张，咱们去清洗一下伤口，放松。我去取急救药箱。请用纱布按住伤口，我来调节座位。躺下，休息一会。

Don't get nervous. Let's go to wash the cuts. Take it easy. I'll go and get the first-aid kit. Please press the wound with gauze. I'll adjust the seat back. Lie down and have a rest.

（27）您需要给孩子换尿布的话，请到洗手间，里面有一个小桌板。如果您需要帮助的话，请告诉我们。

You can go to the lavatory if you want to change the diapers for the baby. There's a baby change table there. If you need any help, please don't hesitate to call us at any time.

4. 紧急情况

（1）请马上系好安全带。由于飞机发动机发生故障，我们将紧急迫降。

Fasten your seat belts immediately. The plane will make an emergency landing because of the sudden breakdown of an engine.

（2）从座椅下拿出救生衣穿上。

Take out the life vest under your seat and put it on.

（3）戴上氧气面罩！

Put the mask over your face!

（4）把头弯下来放在两膝之间！

Bend your head between your knees!

（5）弯下身，抓住脚踝。

Bend down and grab your ankles.

（6）我们前方有大雷雨，无法穿越。我们决定返回杭州。非常抱歉由此给您带来的不便。

There is a heavy thunder storm ahead of us. We have no way to pass it. So we have decided to return to Hangzhou. Much to our regret for the inconvenience that may cause you.

（7）本架飞机有八个安全门，请找到离你最近的那个门。

This plane has eight emergency exits. Please locate the exit nearest to you.

二、英文面试常用广播词

英文广播词的朗读或翻译是每个航空公司基本都会考核的项目。常见的广播词类型有公共广播和客舱广播两种。

（一）公共广播

公共广播系统是机场航站楼必备的重要公共宣传媒体，是机场管理部门播放民航企业信息、公告、紧急通知等语言信息的重要手段，是旅客获取信息的主要途径之一，也是提高服务质量的重要环节，如图 5-1 所示。

图 5-1　公共广播

念公共播音的要求：播音时要按照一定的语言规范，采用统一的专业术语，音量、语速要适中，语言流畅，语调要生动，内容要准确并通俗易懂。

1. 公共广播用语的格式规范

公共广播用语有一定的格式，每种格式由不变要素和可变要素构成，其中，不可变要素是指格式中固定用法及其相互搭配的部分，一般由特定的文字组成。可变要素是指由动态情况确定的部分，如航班号、登机口号、飞机机号、时间、延误原因等。

2. 公共广播的主要内容

公共广播面试词包括办理乘机手续类、登机类、航班延误与取消类等。

1）办理乘机手续类广播用语

类别	广播用语汉语	广播用语英语
开始办理乘机手续类广播用语	前往××的旅客请注意： 您乘坐的××次航班现在开始办理乘机手续，请您到××号柜台办理。谢谢！	Ladies and Gentlemen, May I have your attention, please? We are now ready for check-in for Flight ×× to ×× at counter No. ××. Thank you!
推迟办理乘机手续通知	乘坐××次航班前往××的旅客请注意： 由于飞机在本站出现机械故障，本次航班不能按时办理乘机手续。预计推迟到××点××分办理。请您在出发厅休息，等候通知。谢谢！	Ladies and Gentlemen, May I have your attention, please? Due to the aircraft maintenance at our airport the Flight ×× to ×× has been delayed. The check-in for this flight will be postponed (to ××: ××). Please wait in the departure hall for further information. Thank you!
催促办理乘机手续通知	前往××的旅客请注意： 您乘坐的××次航班将在××点××分截止办理乘机手续。乘坐本次航班没有办理手续的旅客，请马上到××号柜台办理。谢谢！	Ladies and Gentlemen, May I have your attention, please? Check-in for Flight ×× to ×× will be closed at ××: ××. Passengers who have not been checked in for this flight, please go to Counter No. ×× immediately. Thank you!

2）登机类广播用语

类别	广播用语汉语	广播用语英语
正常登机通知	前往××的旅客请注意： 您乘坐的××次航班现在开始登机。请带好您的随身物品，出示登机牌，由××号登机口上飞机。祝您旅途愉快。谢谢！	Ladies and Gentlemen, May I have your attention, please? The Flight ×× to ×× is now boarding. Would you please have your belongings and boarding passes ready and board the aircraft through Gate No. ××. We wish you a pleasant journey. Thank you!
催促登机通知	前往××的旅客请注意： 您乘坐的××次航班很快就要起飞了，还没有登机的旅客请马上由××号登机口上飞机。谢谢！	Ladies and Gentlemen, May I have your attention, please? The Flight ×× to ×× will take off soon. Please be quick to board the aircraft through Gate No. ××. Thank you!
过站旅客登机通知	前往××的旅客请注意： 您乘坐的××次航班现在开始登机，请过站旅客出示过站登机牌，由××号登机口先上飞机。谢谢！	Ladies and Gentlemen, May I have your attention, please? The Flight ×× to ×× is now ready for boarding. Transit passengers, please show your passes and board first through Gate No. ××. Thank you!

3）航班延误、取消广播用语

类别	广播用语汉语	广播用语英语
航班延误通知	前往××的旅客请注意： 我们抱歉地通知，由于天气原因，您乘坐的××次航班不能按时起飞。在此我们深表歉意，请您在候机厅休息，等候通知。谢谢！	Ladies and Gentlemen, May I have your attention, please? We regret to announce that Flight ×× to ×× cannot leave on schedule , due to the poor weather condition at our airport. Would you please remain in the waiting hall and wait for further information. Thank you!
航班取消通知	前往××的旅客请注意： 我们抱歉地通知，您乘坐的××次航班由于飞机出现机械故障，决定取消今日飞行，您可选择乘坐明日航班。在此我们深表歉意。谢谢！	Ladies and Gentlemen, May I have your attention, please? We regret to announce that Flight ×× has been canceled due to the aircraft maintenance at out airport. You can take tomorrow's Flight. Thank you!

（二）客舱广播

客舱广播是为旅客服务的，按照广播性质的不同，客舱广播可分为服务广播和安全广播。其中，服务广播主要是通过广播让旅客了解此次航班的航程、时间，途经的省市、山脉、河流和一些服务项目等。安全广播主要是正常的安全检查介绍，起飞和落地前的广播提醒，还有特殊情况和突发情况的广播，如图 5-2 所示。

图 5-2　客舱广播

1．客舱广播朗读的要求

客舱广播在播报服务广播时语言要清晰、流畅、亲切；在播报安全广播时，语言要庄重、规范、清晰、流畅。在航班遇突发状况时，乘务员一定要及时播报，并且语气要镇定、沉稳、自信，这样可以缓解旅客恐慌的心情。

2．客舱广播的主要内容

1）登机后广播

女士们，先生们：

欢迎您选乘坐××航班，请您按照登机牌上的号码对号入座，座位号位于行李架下方。请将行李物品放在行李架内或座椅下，并尽快入座，以保持过道畅通，让其他人通过。

谢谢您的合作！

Ladies and Gentlemen,

Welcome aboard ××. Please take your seat according to your seat number. The seat number under the overhead compartment. Please put your baggage in the overhead compartment or under the seat and take your seat as soon as possible to keep the aisle clear for others to go through.

Thank you for your cooperation!

扫一扫

中英文登机后广播范例

2）起飞后广播

女士们，先生们：

我们的飞机已经离开××前往××，沿这条航线，我们飞经的省份有××，经过的主要城市有××，我们还将飞往××。在这段旅途中，我们为您准备了早（中、晚）餐。供餐时我们将广播通知您。

下面将向您介绍客舱设备的使用方法：

今天您乘坐的是××型飞机。

您的座椅靠背可以调节，调节时请按座椅扶手上的按钮。在您前方座椅靠背的口袋里有清洁袋，供您放杂物时使用。

在您座椅靠背上方备有阅读灯开关和呼叫按钮。如果您需要乘务员的帮助，请按呼叫按钮。

在您座位上方还有空气调节设备，您如果需要新鲜空气，请转动通风口。

洗手间在飞机的前部和尾部。在洗手间内请不要吸烟。

Ladies and Gentlemen,

We have left ×× for ××. Along this route, we will be flying over the provinces of ××, passing the cities of ××, and crossing over the ××.

Breakfast (Lunch/Supper) has been prepared for you. We will inform you before we serve it.

Now we are going to introduce to you the use of cabin installations.

This is a ×× aircraft.

This back of your seat can be adjusted by pressing the button on the arm of your chair.

The call button and reading light are above your head. Press the call button to summon a flight attendant.

The ventilator is also above your head. By adjusting the airflow knob, fresh air will flow in or be cut off.

Lavatories are located in the front of the cabin and in the rear. Please do not smoke in the lavatories.

3）安全示范广播

扫一扫

中英文安全示范广播范例

女士们，先生们：

现在我们为您示范客舱安全设备，请您注意观看。

Ladies and Gentlemen,

Please pay attention to the following demonstration.

救生衣在您座椅下面的口袋里（座椅上方），仅供水上迫降时使用。在正常情况下请不要取出。

Your life vest is located (under/above) your seat. It may only be used in case of ditching. Please do not remove it unless instructed by one of your flight attendants.

穿救生衣时，只需从头上套下去即可。接下来将带子由后向前扣好、系紧。

To put your vest on, simply slip it over your head. Then fasten the buckles and pull the straps tightly around your waist.

当您离开飞机时，拉动救生衣两侧的红色充气手柄，但在客舱内请不要充气。充气不足时，请将救生衣上部的两个充气管拉出，用嘴向里充气。

Upon exiting the aircraft, pull the tabs down firmly to inflate your vest. Please do not inflate your vest while inside the cabin. For further inflation, simply blow into the mouth pieces on either side of your vest.

夜间迫降时，救生衣上的指示灯遇水自动发亮。

For ditching at night, a sea–light will be illuminated automatically.

氧气面罩储藏在您座椅上方。发生紧急情况时，面罩会自动脱落。

Your oxygen mask is above your head. It will drop down automatically in case of an emergency.

氧气面罩脱落后，请用力向下拉面罩。将面罩罩在口鼻处，把带子套在头上进行正常呼吸。在帮助别人之前，请自己先戴好。

When it does so, pull the mask firmly towards you to start the flow of oxygen. Place the mask over your nose and mouth and slip the elastic band over your head. Please put your own mask on before helping others.

在您座椅上有两条可以对扣的安全带。当“系好安全带”灯亮时，请系好安全带。解开时，将锁扣打开并拉出连接片。

When the “Fasten Seat Belt” sign is illuminated, please fasten your seat belt. To fasten your seat belt, simply place the metal tip into the buckle and tighten the strap. To release, just lift up the top of the buckle.

本架飞机共有××个紧急出口，分别位于客舱的前部、中部和后部。

There are ×× emergency exits on this aircraft. They are located in the front, the middle and the rear of the cabin respectively. Please note your nearest exit.

在紧急情况下，客舱内所有的红色出口指示灯和白色通道指示灯会自动亮起，指引您从最近的出口撤离。

In the event of an emergency, all red exit lights and white access lights in the cabin will automatically turn on to direct you to the nearest exit.

在您座椅前方的口袋里备有《安全须知》，请您尽早阅读。谢谢！

For additional information, please review the "Safety Instruction" card in the seat pocket. Thank you!

4）餐前广播

女士们，先生们：

我们将为您提供餐食、茶水、咖啡和饮料，欢迎您选用。需要用餐的旅客，请您将小桌板放下。

为了方便其他旅客，在供餐期间，请您将桌椅靠背调整到正常位置。谢谢！

Ladies and Gentlemen,

We will be serving you meal with tea, coffee and other soft drinks. Welcome to make your choice. Please put down the tray table in front of you.

For the convenience of the passenger behind you, please return your seat back to the upright position during the meal service. Thank you!

5）征询意见广播

女士们，先生们：

欢迎您乘坐中国××航空公司航班，为了帮助我们不断提高服务质量，敬请留下您宝贵的意见，谢谢您的关心和支持！

Good morning (afternoon/evening), ladies and gentlemen,

Welcome aboard ×× airlines. Comments from you will be highly valued in order to improve our service. Thanks for your concern and support!

6）预定到达时间广播

女士们，先生们：

本次航班预定在××分钟后到达××机场，地面温度是××摄氏度，谢谢！

Ladies and Gentlemen,

We will be landing at ×× airport in about ×× minutes. The ground temperature is ×× Celsius. Thank you!

7）飞机颠簸广播

女士们，先生们：

请注意！受航路气流影响，我们的飞机正在颠簸，请您尽快就座，系好安全带。颠簸期间，为了您的安全，洗手间将暂停使用，同时，我们也将暂停客舱服务。（正在用餐的旅客，请当心餐饮烫伤或弄脏衣物。）谢谢！

Ladies and Gentlemen,

Our aircraft is experiencing some turbulence. Please be seated as soon as possible, fasten your seat belt. Do not use the lavatories. And we regret that we are unable to serve you at this time. (Please watch out while taking meals). Thank you!

扫一扫

中英文颠簸广播范例

8）下降时安全检查广播

女士们，先生们：

飞机正在下降。请您回原位坐好，系好安全带，收起小桌板，将座椅靠背调整到正常位置。所有个人电脑及电子设备必须处于关闭状态。请您确认您的手提物品是否已妥善安放。稍后，我们将调暗客舱灯光。谢谢！

Ladies and Gentlemen,

Our plane is descending now. Please be seated and fasten your seat belt. Seat backs and tables should be returned to the upright position. All personal computers and electronic devices should be turned off. And please make sure that your carry-on items are securely stowed. We will be dimming the cabin lights for landing. Thank you!

9）到达终点站

女士们，先生们：

飞机已经降落在××机场，本地时间是××，外面温度为××摄氏度。飞机正在滑行，为了您和他人的安全，请先不要站起来或打开行李架。等飞机完全停稳、系紧安全带指示灯熄灭后，请您再解开安全带，整理好随身物品，准备下飞机。从行李架里取物品时，请注意安全。您交运的行李请到行李提取处领取。需要在本站转乘飞机到其他地方的旅客请到候机室中转柜台办理。

欢迎您来到××，感谢您选择××航空公司航班！下次旅途再会！

Ladies and Gentlemen,

Our plane has landed at ×× Airport. The local time is ××. The temperature outside is ×× Celsius (×× Fahrenheit). The plane is taxiing. For your safety, please stay in your seat for the time being. When the aircraft stops completely and the fasten seat belt sign is turned off, please detach the seat belt, take all your carry-on items and disembark. Please use caution when retrieving items from the overhead compartment. Your checked baggage can be claimed in the baggage claim area. The transit passengers please go to the connection flight counter in the waiting hall to complete the procedures.

Welcome to ×× (city). Thank you for selecting ×× airlines for your travel today and we look forward to serving you again. Wish you a pleasant day! Thank you!

10）旅客下飞机广播

女士们，先生们：

本架飞机已完全停稳，请您从前（中、后）登机门下飞机。谢谢！

Ladies and Gentlemen,

The plane has stopped completely. Please disembark from the front (middle, rear) entry door. Thank you!

课堂互动

（1）同学们两两一组进行英文常用单词听写和句子翻译。

（2）教师随机对学生进行提问，让其朗读一段广播词。

第三节　英文面试过程中问题应答技巧

一、英文面试过程中常见问题应答技巧

（一）常见问题及应答技巧

1. 个人信息类问题及应答技巧

Q1：What is your greatest weakness?　你最大的缺点是什么？

A1：My biggest drawback is that I am a little stubborn. I am always insisting on my own opinion. I will not consider others' advice until I found that I run against the wall. But because of my stubbornness, I become a person who has a strong will and indomitable character.

我的缺点就是我有点固执，我总是坚持自己的想法，只有当我碰壁的时候我才会考虑别人给我的建议。与此同时，也正是因为我的这份固执，才让我成为了一个意志坚定、性格顽强的人。

Q2：What is your greatest strength?　你最大的优点是什么？

A2：My biggest advantages are my strong will and endurance to the things I like. Of course, they are not natural. I was a long-distance runner in the past. And while I was running on the runway, no matter how tired I was, I would never stop running, I would tell myself that I can not stop. If I stop, I will be a real loser. On contrast, if I finish the competition, even though I am the last runner to cross the finish line, I will still feel proud of myself. Because I beat myself.

我的优势是我具有坚强的意志力和超强的耐力，当然，这是后天训练出来的结果。

我以前是一名长跑运动员，在大大小小的比赛中，无论多累，我都会告诉自己，我不能停下来。如果我停下来，我将是一个真正的失败者。相反，如果我完成了比赛，即使我是最后一个跑过终点线的人，我仍然会为自己感到骄傲，因为我战胜了自己。

Q3：Can you tell me about your hobbies or interests? 你有什么兴趣或者爱好？

A3：I like sports, such as playing basketball and watching NBA. Sometimes, I swatch TV, go to KTV or read books.

我喜欢运动，喜欢打篮球和看 NBA。有时候我还会看看电视，去 KTV 或者看一些书籍。

Q4：What personality traits do you admire? 你欣赏哪种性格的人？

A4：I admire a person who is honest, flexible and easy-going.

我欣赏诚实、不死板且容易相处的人。

Q5：Do you get angry easily? 你容易生气吗？

A5：No, I know how to control my temper. 不，我知道怎样控制自己的脾气。

Q6：Do you consider yourself a team player? 你认为自己善于团队合作吗？

A6：Yes, I am a team player. I believe collective strength will be stronger than personal strength. To some extent, unity can inspire people to make more efforts in work without boring. This is why we should cooperate with the people around us.

是的，我是个具有团队精神的人。正所谓众人拾柴火焰高，我相信集体的力量比个人的力量要强大。在某种程度上，团结能激励人们在工作中更加努力而不枯燥，这就是人与人之间为什么要合作的原因。

Q7：If you are hired, when can you start to work?

如果你被录用，你能什么时候开始工作？

A7：I can begin to work right away because I am out of work now.

因为我目前没有工作，所以随时都可以。

Q8：How would your friends describe you? 你的朋友怎样形容你？

A8：My friends said I am reliable, because I will fulfill all the promises that I made. I will not make a promise if I can not do that. My friends also think I am an easy-going person. Because I like to consider the problems from the other's point of view, I can make friends with different kinds of people.

我的朋友都说我是一个可以信赖的人。因为，我一旦答应别人的事情，就一定会做到。如果我做不到，我就不会轻易许诺。而且他们觉得我是一个比较随和的人，与不同的人都可以友好相处。在我与人相处时，我总是能站在别人的角度考虑问题。

Q9：How do you handle failure? 你怎样对待自己的失败？

A9：At present, I have learned how to deal with failure. I will adjust my attitude well when facing with failure. I should regard the failure as the mother of success. And find out why I failed and make sure that I will not make the same mistake again.

现在，我已经学会了如何处理失败。面对失败，我会调整好自己的心态，把失败当作是成功之母，并找出我失败的原因，确保自己不会再犯同样的错误。

Q10：Do you consider yourself a loyal employee? 你认为自己是一个忠诚的员工吗？

A10：If I really love the career I choose, I will be one of the most loyal employees in the enterprise. I will put all my energy into the work and devote my life to the company.

如果我真的喜欢我选择的职业，我会成为公司中最忠诚的员工之一。我将把我所有的精力投入到工作中去，把我的一生奉献给公司。

Q11：Can you tell me something about your education? 能说一说你的教育背景吗？

A11：I have studied at ×× University majoring in ××. I was active in my studies and have taken part in practical projects and courses too. Overall my studies are pretty practical and I believe I am well prepared for the job.

我就读于××大学的××专业。我在学习上很积极，曾参加了很多的实践项目和课程。总的来说，我所学的都是非常实用的，我相信我已经为将来的工作做好了充分的准备。

Q12：How important is appearance? 外表有多重要？

A12：The appearance is important for a girl. But compared with appearance, inner beauty is more important. Just as we know, if the appearance is a letter of recommendation, the inner beauty is a credit card.

外表对一个女生来讲是重要的，但是与外表相比，内在美更重要。如果说外表是一封推荐信，那么内在美就是一张信用卡。

2. 职业生涯类问题及应答技巧

Q1：What was your favorite job? 你最喜欢的工作是什么？

A1：Being a flight attendant is one of my favorite jobs. It can take me to different parts of the world to experience different local cultures, and show me something I have never seen before. And I can meet all kinds of people from all works of life. Communicating with people is one of my favorite things. Life is limited, so we need to expose ourselves to new things to feel the beauty of life.

空乘人员是我最喜欢的工作之一。这份工作可以带我去世界不同的地方，体验不同的地方文化，并向我展示我从未见过的东西。我可以遇到各行各业的人。与人交流是我最喜欢的事情之一。因为人生有限，要在有限的生命里去见识更多新鲜的事物，才算不枉此生。

Q2：Why do you want to be a flight attendant?　你为什么想当一名空乘人员？

A2：I like the job of flight attendant, because the flight attendant is not only have a sense of responsibility, love, tolerance, compassion and patience, but also have generous, elegant temperament.

我喜欢乘务员这个工作，是因为乘务员不仅有责任心、爱心、包容心、同情心和耐心，而且还有大方、优雅的气质。

Q3：Could you tell me how can be a qualified stewardess?

能否告诉我如何才能成为一名合格的空乘人员？

A3：To be a qualified stewardess, first of all, you should love this job. Try to serve passengers with a good attitude and enthusiasm. And you must be patient, enthusiastic, responsible and not afraid of hardship, and provide the best service to the passengers with a smile.

想成为一名合格的空乘人员，首先要热爱这份工作，树立为旅客服务的良好态度和激情。其次，对旅客要有耐心、有热情、有责任心且不怕吃苦，能为旅客提供最好的微笑服务。

Q4：What do you think is the chief characteristic for a stewardess?

对空姐来说，你认为主要应该具备的品质是什么？

A4：Well, a stewardess should be friendly, courteous, patient, and treat passengers kindly and politely.

空姐应该待人友好、有礼貌、有耐心，对旅客和蔼、彬彬有礼。

Q5：How much do you know about our company? Why do you like to work in our company?

你对本公司了解多少？为什么选择本公司？

A5：As we know, your company has very good safety flight records for many years and your best service has been highly affirmed by the public. This is the main reason why I would like to work in your company.

贵公司有多年的安全飞行记录，社会各界对贵公司优质的服务都给予了高度肯定，这是我希望到贵公司工作的根本原因。

Q6：What do you think will be the biggest challenge of being a flight attendant?

你认为当空乘人员最大的挑战是什么？

A6：The biggest challenge for being a flight attendant is that they need to have the spirit of dedication. A flight attendant must provide the best service for passengers and improve the image of the company to bring more benefits to the enterprise.

作为一名空乘人员最大的挑战是要具有奉献精神。空乘人员必须为旅客提供最好的服务，提升公司的形象，为公司带来更多利益。

3. 情景模拟类问题及应答技巧

Q1：If a passenger had an accident, what would you do?

如果有旅客发生意外，你会怎么办？

A1：I would try to see what has happened and how I could help at the scene. If the injury was so severe that beyond what I can do, I'll seek other help.

我会先试着了解意外发生的原因，以及我能在现场给予哪些帮助。如果旅客的伤势严重到我无能为力的地步，我会去寻求其他支援。

Q2：If you were harassed by a passenger, how would you handle it?

如果你被旅客骚扰，你会如何处理？

A2：I'll remain calm and advise the passenger not to do it again. At the some time, I'll also inform the other crew members of the passenger's behavior. However, if the passenger continues to harass me, then I'll seek from my superior.

我会保持冷静并建议那位旅客不要再这样，同时，我也会把旅客的行为告诉其他机组人员。但是，如果那位旅客持续骚扰，我会向上级寻求帮助。

Q3：If a passenger doesn't understand you, what would you do?

如果有旅客听不懂你的话，你会怎么办？

A3：I'll try to see why the passenger doesn't understand me. If it's a language problem, I'll try to get help from colleagues who are good at that language. If not, I'll speak more slowly and clearly. Use simpler or more understandable vocabulary, or use sign language or body language to help the passenger understand.

我会先试着弄明白为什么那位旅客听不懂我的话。如果是因为语言方面的问题，我会找擅长这门语言的同事帮忙。如果不是，我会说得慢一点，清楚一点。使用简单易懂的词汇，或使用手语或肢体语言帮助旅客理解。

Q4：If the passenger had ordered a vegetarian meal and we didn't have any on board, how would you handle it?

如果某旅客订了素食，但我们航班上并没有准备，你会怎么处理这个情况？

A4：That should not have happened in the first place. I'll apologize to the passenger and try my best to find alternatives for him. Then, I'll try to communicate with the company to rectify the problem.

这种情况本来就不应该发生。我会跟旅客道歉并尽一切努力去找到解决方案。然后，我会跟公司反映并解决这类问题。

（二）其他常见问题汇总

（1）What is your greatest strength?　你最大的优势是什么？

（2）What is your greatest weakness?　你最大的弱点是什么？

（3）What have you done to correct your weaknesses? 你做过什么来改正你的缺点？

（4）Have you ever failed? What is your biggest failure?
你失败过吗？你最大的失败是什么？

（5）How do you handle failure? 你如何处理失败的？

（6）Describe a time when you resolved a conflict? 描述一次你解决冲突的经历。

（7）Talk about your hometown/personality/campus life/study/major.
谈谈你的家乡/个性/校园生活/学习/专业。

（8）How important is appearance? 外表有多重要？

（9）What kind of work experience do you have? 你有什么工作经验？

（10）What would you like to be doing 10 years from now? 10 年后你想做些什么？

（11）Are you willing to be based wherever the company sends you?
你愿意在公司派你去的任何地方工作吗？

（12）Why should we hire you? 我们为什么要聘用你？

（13）What is your biggest accomplishment? 你最大的成就是什么？

（14）What are your career goals? 你的职业目标是什么？

（15）How do you handle criticism? 你如何对待别人的批评？

（16）What do you like to do in your spare time? 你喜欢在空闲时间做什么？

（17）Do you read, write or speak a foreign language? 你能读、写或说一门外语吗？

（18）What is your favorite and least favorite subjects in school?
你在学校里最喜欢和最不喜欢的科目是什么？

（19）Do you have any other skills? 你还有其他技能吗？

（20）What sports do you like to do? 你喜欢做什么运动？

（21）If you have forgotten to serve a meal to one passenger. How would make up for your mistake?
如果您忘记给一位旅客发餐食了，你将如何弥补你的过失？

（22）A passenger is trying to smoke in the cabin. How do you deal with the problem?
一位旅客想在客舱内吸烟，你会如何处理这种情况？

（23）A passenger is keeping making noise while the others are resting. How do you handle this situation?
当其他旅客都在休息的时候，有一位旅客不停地制造噪音。你会如何处理这种情况？

（24）How do you help and comfort a passenger who has lost his wallet?
如果一位旅客丢了钱包，你会如何帮助并安慰他？

二、英文面试过程中疑难问题应答技巧

Q1：How do you handle your conflict with your colleagues in your work?
你如何处理工作中与同事之间的冲突？

A1：I will try to present my ideas in a more clear and civilized manner to get my points across.
我会以一种更清楚、文明的方式提出我的看法，使对方了解我的观点。

Q2：How do you normally handle criticism?　你通常如何对待别人的批评？

A2：When we cool off, we will discuss it later.　我会等大家冷静下来再讨论。

Q3：How do you handle conflict?　你会怎样处理冲突？

A3：Conflict is never healthy in a service-oriented industry. If it was with a passenger, I'll try to calm him and respond to his needs. If it was with a colleague, I'll try to resolve the issue away from customers.
在服务行业里冲突是很不好的。如果是与旅客之间的冲突，我会先试着安抚他并满足他的需求。如果是与同事之间的冲突，我会尽量不在旅客面前处理这类问题。

Q4：How would you handle an abrasive captain or coworker?
你会如何应对令人讨厌的机长或同事？

A4：It depends if it becomes disruptive to the work environment. I appreciate that everyone can have a bad day, but if the abrasiveness was constant and reached a level where it created animosity among colleagues and made passengers feel uncomfortable then I'll take it to my superior.
这要看他们是否对工作环境造成影响。我相信每个人都有不开心的时候，但是如果这种令人讨厌的行为是持续性的，且已经给同事及旅客造成不适，那我会寻求上级的协助。

复习与回顾

一、问答题

1. 民航英文面试时，求职者应掌握哪些言语技巧？
2. 大多数航空公司会通过什么方式考查求职者的英语能力？

二、简答题

1. 设计一个最适合自己的英文自我介绍，以文字的形式体现出来。
2. 简述民航英文面试时客舱广播词朗读要求。

三、情景模拟

南航复试

复试流程：

（1）英文自我介绍。

（2）每位同学抽一张简单的英文小纸条并朗读纸条上的内容。

（3）角色扮演：6 人一组，一人扮演面试官，5 人扮演求职者。

（4）面试官随机提出问题，由求职者进行回答。

任务要求：

根据上述的复试流程，进行情景模拟。

实施步骤：

（1）教师组织学生分组（6 人一组），并选出小组负责人。

（2）学生按上述复试流程进行情景模拟。

（3）每小组在模拟时，其他小组要认真观看，并做好记录。

（4）模拟结束后，由老师根据表 5-2 对每个小组的模拟情况进行评价。

表 5-2　任务实施检测表

考核内容	分值	自评分	小组评分	教师评分	实得分
自我介绍表述正确、突出重点	30				
英语发音标准、流畅	20				
应答合理	30				
不紧张、不拘束，能够临场发挥	10				
小组整体配合默契度	10				
总分	100				

第六章

面试总结

知识目标

- 了解面试总结的意义。
- 了解面试总结的方法，以提升面试成功率。

能力目标

- 能用正确的心态面对成功与失败。
- 能运用情景再现法与关键点提炼法总结面试中的得与失。

素质目标

- 树立积极上进、乐观进取的人生观。
- 培养持之以恒的精神、坚持不懈的品质。

面试按照时间的先后顺序可以划分为面试准备阶段、面试发生阶段和面试总结阶段。大家总是在谈如何为面试做准备、如何在面试中表现更好等，但在面试后应当做些什么，反而被大家所忽略。在大多数情况下，很多求职者只要面试一结束，就开始松懈了，认为任务已经完成了，之后只要等消息就行了，殊不知，面试后的总结与面试前的准备同等重要，每一次的总结都能为下一次的面试“添砖加瓦”。那么，面试后总结的意义是什么呢？如何做好总结呢？本章将围绕这两个问题为大家介绍面试后自我总结的意义与方法。

第一节　面试总结的意义

案例导入

勤于反思，善于总结——不经一番寒彻骨，怎得梅花扑鼻香

张萌大学毕业后对找工作激情满满。一次，她去参加了东方航空公司的面试，面试时，面试官问了她一个问题，由于太过紧张，她一时不知如何回答，可想而知，这次面试以失败告终。但她没有气馁，而是在面试后及时地对这场面试进行了总结，思考了下次再被问到同样的问题时应如何回答。

果不其然，在下一次南方航空公司的面试中，她被问到了很多与东方航空面试中相同的问题，这次她给出了几乎完美的答案。但她还是没能通过面试，因为她在自我介绍上时超出了规定的时间。于是她回去之后进行了一番修改并不断地进行练习。经历了两次面试总结之后，在第三次面试时，她对面试官提出的一系列问题回答的游刃有余，最终取得了成功。

通往成功的路上不可能一帆风顺，一个人在前进的道路上，面对各种诱惑、各种困难、各种未知，难免会犯下一些错误。但是，犯错并不可怕，知错不改才可怕。如果能在犯错后及时反省，并引以为戒，不让同一个错误再次发生甚至多次发生，那么这次犯错的过程就能成为积累经验教训、磨砺心性品格的机会，最终让我们找到前进方向，助力我们成长。

面试总结就是把自己的面试过程在头脑中过一遍。在求职过程中，这种做法是非常有必要的，它是提高面试通过率的最佳方式。因为我们不可能保证每场面试都是完美无缺的，各种各样的因素等都会影响到面试的状态，从而影响面试结果。所以对于每场面试，无论是成功还是失败，都要及时地去做总结。找出做的好的地方，继续发扬光大；对于做的不好的地方，应及时进行改进，以避免在同一个地方跌倒两次。

一、从成功中获得经验

民航面试有多个环节，求职者在没签订劳动合同之前都不能松懈。即使通过了初试也不要骄傲，应冷静分析这次面试成功的最有效的方法是什么，这样在之后的复试和终试环节就可以继续采用这些方法。

除此之外，如果你想拿到多家公司的 offer，让自己有更多的选择机会，那就更有必要在每个环节结束后都认真地进行总结，只有多反思、多总结，才能提高面试的成功率。

二、从失败中汲取教训

俗话说“人要学会走路，也要学会摔跤，而且只有经过摔跤，才能学会走路”。作为职场新人，在激烈的竞争中遭遇失败是在所难免的。有的人在失败之后便一蹶不振，不知道该怎么办了。其实，我们完全没有必要为某一次的面试失败而烦恼、悔恨，甚至抱怨。而是要学会用正确的心态去面对失败，把失败看成是激励自己继续拼搏进取的一次机会。那么，求职者在面试失败后需要做些什么呢？

（一）停下脚步，发现问题

失败不可能没有原因，一定是某个或某些环节出现了问题。此时，求职者应该仔细梳理上次面试的过程，找出失败的原因。否则，如果继续以同样的方式去下一家单位参加面试，那么上次面试犯过的错误，这次还可能会再犯，最终导致一败再败。

因此，求职者在遭遇面试失败时，不妨先为自己按下暂停键，仔细地回顾一下整场面试，检查有没有什么问题是面试官提问，自己回答不太顺畅或完全没有准备的。针对这些问题要一一记录、分析、总结，并根据自身情况准备好应对之法，从而提升面试的成功率。

（二）收拾心情，重新开始

面试失败了肯定会影响心情。情绪一旦产生波动，且没有得到相应的调节，如果此时继续参加下一场面试的话，结果自然也会受到影响。要知道，民航面试是非常注重求职者的形象以及精神状态的。如果求职者看起像泄了气的皮球，那么就很难赢得面试官的青睐。所以说，与其继续参加下一场面试，不如先调整一下自己的状态，例如，可以找点自己喜欢的事情做一下，从而为下一次的面试做好准备。

（三）及时充电，提升自我

面对失败时，千万不要丧失信心，一定要学会找出自身存在的欠缺之处，然后对自己的短板（包括形体礼仪、沟通谈吐、表情管理、英语水平等）进行提升。比如，给自己制定有效的学习计划，并要求自己按计划完成。

善于总结

重视总结历史经验是接续奋斗的重要法宝

个人的进步离不开经验的总结，国家的进步亦是如此。善于总结历史经验，并从中找到前进的正确方向和正确道路，是我们党领导中国革命、建设、改革不断取得胜利的一个重要原因。

在百年奋斗中，我们党通过总结经验、坚持真理、纠正错误、指导实践、推动工作，使党的领导水平不断得到提高，党的领导地位不断得到巩固，党和人民的事业不断得到发展。

善于从正反两个方面总结历史经验

恩格斯有一句名言："伟大的阶级，正如伟大的民族一样，无论从哪方面学习都不如从自己所犯错误的后果中学习来得快。"

毛泽东同志指出，"总结经验有两点，一是优点，一是缺点"。

邓小平同志指出，"过去的成功是我们的财富，过去的错误也是我们的财富"。

这些论述用辩证思维强调了总结历史成功经验与汲取历史失败教训相统一的重要性。我们党既善于总结党的成功经验，结合新的实践将其传承好、发扬好，又能够从失败教训中加深对客观规律的认识，进而纠正错误，使错误成为正确的先导。

善于从实际出发总结历史经验

毛泽东同志指出，总结经验"要抓住重点，从实际出发，根据马克思主义的观点，加以总结"。

邓小平同志指出，"问题解决的是不是正确，关键在于我们是否能够理论联系实际，是否善于总结经验，针对客观现实，采取实事求是的态度，一切从实际出发"。

我们党对经验的总结，不是从本本出发，而是一切从实际出发，以正在做的事情为中心，着眼于解决在实践中遇到的各种问题，着眼于新的实践和新的发展，有的放矢、有针对性地进行总结。

善于通过总结历史经验、把握历史规律以更好开辟未来

回顾和总结历史，不是为了从成功中寻求慰藉，更不是为了躺在功劳簿上，为回避今天面临的困难和问题寻找借口，而是为了从对历史经验的总结中，认识、把握和运用历史规律，顺应历史前进大势和时代发展潮流，从而推动事业发展、更好开辟未来。

第二节 面试总结的方法

案例导入

正视失败，不断改进，方能成功——面试过后的复盘总结

刘军和张强是一对好朋友，最近两个人都在找工作，但他们的面试结果却完全不同，张强是每次面试都会成功，而刘军却屡次失败。后来刘军找到张强，向他说起了自己最近的失败经历，并向他请教成功的秘诀。

张强问道："你有没有问下自己为什么会面试失败？"

刘军说："我也很疑惑，明明自己很努力了，但怎么就每次都失败呢！"

张强又问道："那每次面试后，你有对面试的整个过程做过总结吗？"

刘军摇了摇头说："没有。"

张强笑了笑说："你说你没有做过总结，这大概就是你屡次失败原因吧！如果你能在每一场面试结束后都对面试的整个过程做个总结，这场犯过的错误绝对不允许下次再犯，只有这样，你才会离成功越来越近。"

刘军若有所悟！回去之后，他按照张强说的方法对前几次的面试做了总结，并将自己做的不好的地方进行了改进。又一次面试后，他终于接到了一家公司的录用通知。

思考：① 面试总结的方法有哪些？② 面试总结主要围绕哪几点展开？

面试后总结的方法主要有情景展现法和关键点提炼法。

一、情景再现法

情景展现法是求职者将整个面试过程从头到尾地回顾一遍，包括自己的言谈举止及面试官的言谈举止等，尽量还原的具体详细。通过详细回顾，找出自己表现较好及表现不好的地方，然后进行针对性地改进。

二、关键点提炼法

关键点提炼法是指当自己不能完全记得面试的整个过程时，可以对其中的关键点进行提炼，将当时觉得回答困难或者自己没有表达清楚的部分进行复盘，然后进行针对性地改进。

总的来说，面试总结就是对自己的整个面试过程进行总结，我们可以从以下四个方面展开。

（1）回顾自己简历和求职信的准备过程。

① 检查简历和求职信是不是有错别字，语句是否通顺。

② 检查简历和求职信是否重点清晰、层次分明、有吸引力。

③ 检查简历和求职信各要素是否齐全，有没有遗漏重要信息。

（2）回顾自己在面试现场的整体礼仪。

① 是否有迟到现象。

② 外表形象是否符合面试要求。

③ 言谈举止是否得体、礼貌。

④ 是否全神贯注地倾听了对方的讲话。

⑤ 是否表现得沉着、自信、充满活力、轻松自如。

扫一扫

面试后如何复盘

（3）回顾自己在面试现场的语言表达。

① 是否恰当地表达了自己的期望和热情。

② 对自己工作能力的申述是否充分、有条理、有例证。

③ 你计划要了解的情况是否都了解到了。

④ 是否和面试官进行了和谐、有效的沟通。

（4）回顾面试官提出的所有问题及自己的答复。

① 对面试官提问的问题回答的是否恰当、准确。

② 对于面试官的提问，哪些是自己完全没有准备的。

③ 对于面试官的提问，是否还可以做出更好的回答。

复习与回顾

一、问答题

1. 如果面试失败了，你会如何调整？
2. 面试总结的方法有哪些？可以从哪几个方面展开？

二、思考题

1. 请仔细分析一下自身的优势和不足。
2. 请谈谈自己对民航招聘的认识。

三、情景模拟

实施步骤：

（1）老师和两名班干部扮演面试官，由面试官随机指定 3 位同学进行面试模拟。模拟面试共分两个环节。第一环节为自我介绍环节，3 位同学需结合自身专业特点及自己的求职意向，采用演讲方式做自我介绍，时间不超过 3 分钟；第二环节为面试官提问环节，面试官对每位同学进行提问，提问的问题数量不限，3 位同学现场作答，每位同学的作答时间不超过 5 分钟。

（2）模拟完成后，3 位同学总结一下自己在模拟面试中的表现，包括优点、缺点，以及针对缺点提出的改进措施，然后做 2 分钟的总结演讲。

（3）最终，由面试官和本班其他同学对 3 位同学的总体表现进行评价，最终评选出一名表现相对优秀的同学。

第七章

民航服务职业认知

知识目标

- 掌握民航服务职业的类别和特点。
- 了解职业素养的内涵和重要性，明确民航服务人员应具备的职业素养。
- 了解心理素质的内涵，把握心理素质的本质。
- 了解民航服务人员应具备哪些心理素质，以及心理素质对民航服务人员及其工作的意义。

能力目标

- 能根据所学知识检查自己还应提高哪些方面的素质，才能成为一名合格的民航服务人员。

素质目标

- 培养高度的责任心、精湛的业务技能、较强的服务意识、牢固的安全意识等职业素养。
- 培养顽强的毅力、果敢的精神、较强的抗压能力、坚强的自信心等心理素质。

在忙碌的学习生活中，你是否曾想象过自己进入职场的模样？你是否曾较深入地了解和接触过未来将要面对的工作行业和职场环境？你是否曾审度（认真查看并估量）过自己的职业素养和心理素质是否符合民航服务人员的要求？

对民航服务职业的认知是职业满意的前提，只有对所选职业有了清晰的认知，才会在到岗工作后从容不迫。因此，为了帮助同学们认识职场，本章将从民航服务职业的类别、特点、环境、职业素养，以及民航服务人员应具备的心理素质等几个方面进行重点阐述。

第一节　民航服务职业

案例导入

岗位职责须铭记——你了解民航服务各个岗位的职责吗？

2019 年大学毕业的肖裕经过层层考核，成为了海口美兰国际机场安检站的一名正式员工，并于 2020 年的第一天正式上岗。上岗这天，她真实地感受到了作为一名安检员的辛苦。整整一天，她循环往复，不计其数地站立、弯腰、下蹲，从严、从实、从细地对每一位出港旅客的身体及携带物品进行检查。

从该案例的表述中可以看出，民航安检员的职责主要是对乘坐飞机的旅客在登机前进行人身和行李的检查。那么，你还知道民航业其他岗位的职责是什么吗？假如你是一名空中乘务员，你会为旅客提供怎样的服务？又如，你是一名地勤值机员，你又会为旅客提供怎样的服务？

民航服务是指由民航业各单位提供的，以满足旅客需求为目的的具体工作。它不仅包括单纯的服务技巧，还包括航空公司所提供的各项内外设施，是有形设施和无形服务共同组合形成的有机整体。

一、民航服务职业类别

民航服务主要分为飞机客舱服务和民航地勤服务两大块，是机场地面工作和机上乘务工作的整体岗位概括。民航服务类工作是一个庞大的职业门类，岗位众多。因此，对于学习民航相关类专业的学生来说，其职业选择的机会较多。

（一）飞机客舱服务

飞机客舱服务是按照民航服务的内容、规范要求，以满足旅客需求为目标，为航班旅客提供服务的过程。其主要包括空中乘务和空中安全两大类。

1. 空中乘务

空中乘务是指根据空中服务程序、标准，以及客舱安全管理规则在飞机客舱内为旅客提供服务的人员。空中乘务的主要职责是确保旅客途中的安全和舒适。例如，为旅客提供机上餐饮，指导旅客使用机上安全设备，以及在紧急情况下组织旅客有序撤离飞机等。

扫一扫

空中乘务

2. 空中安全

空中安全的职责是在民用航空器上执行安全保卫任务，主要是保证航空器及其所载人员安全。

（二）民航地勤服务

地勤服务是指航空公司、机场等相关机构为旅客提供的各种服务，如售票服务、通用服务、值机服务、安检服务、导乘服务等。

1. 售票服务

售票服务是航空公司客运营销的主要工作和组织旅客运输的重要环节，售票人员服务质量好坏直接关系到公司的经济效益。因此健全售票工作，正确填开客票，准确核收票款，妥善处理好疑难问题，是向旅客提供优质服务，满足旅客需求，提高经济效益的重要工作内容。

2. 通用服务

通用服务是一系列服务的总称，包括地面交通服务、问询服务、候机楼广播服务、公共信息标志服务及候机楼商业零售服务等。通用服务是旅客运输服务的延伸，是完整的旅客服务不可或缺的一个环节。

3. 值机服务

值机服务是指为旅客办理乘机手续的整个服务过程，主要工作内容包括为旅客办理乘机手续前的各项准备工作、查验客票、客舱座位安排、打印登机牌、托运行李，以及给特殊旅客提供保障等，如图 7-1 所示。

图 7-1　值机服务

4. 安检服务

安检服务是指安检人员对乘坐民航飞机的旅客在登机前进行人身和行李检查的服务，如图 7-2 所示。其根本目的是防止机场和飞机遭到袭击，防止运输危险品等，以确保旅客的人身和财产安全。

图 7-2　安检人员检查物品

5. 导乘服务

导乘服务是指导乘员引导旅客办理相关乘机手续、帮助旅客使用新的设备设施、引导旅客提取行李、引导旅客转乘、帮助遇到困难的旅客、帮助行动不便的老人和无人陪伴的儿童等服务，如图 7-3 所示。

图 7-3　导乘员帮助行动不便的老人

知识链接

售票人员主要职责：了解旅客需求，回答旅客询问，完成订票、出票手续。

值机人员主要职责：为旅客办理登机牌和行李牌，办理行李托运。

行李人员主要职责：为旅客提供行李查询、行李赔偿等服务。

安检人员主要职责：根据国家有关规定，对乘机旅客进行人身检查和行李检查，为旅客提供安全、便捷的安检服务。

问询人员主要职责：回答旅客问题，为特殊旅客提供帮助，提供服务咨询、方向指引等服务。

二、民航服务职业特点

民航服务属于一种特殊的高端服务性职业，不但具备其他服务职业的一般特点，而且还有着自身鲜明的特点，是一项技术含量高、安全程度高及服务要求高的职业。

（一）技术性强，服务内容繁杂

在民航业竞争日趋激烈的今天，国内外各大航空公司要求服务人员为旅客提供的服务内容越来越精细化。具体来说，民航服务的主要内容包括：礼仪服务、安全服务、餐饮服务、救助服务、娱乐服务、咨询服务和商务服务等（见图 7-4），而且每项内容所涵盖的项目又非常广泛。因此，为了满足不同旅客的需求，民航服务人员需要掌握丰富的专业知识和高超的服务技能。

图 7-4　民航服务

心理健康 XINLI JIANKANG

民航人如何做好战“疫”心理防护？

在与新冠肺炎的生死较量中，上百万民航干部职工毫不退缩，主动请缨执飞武汉航班，坚守岗位守护广大旅客的健康平安，成为了这个春天里的最美逆行者。机场里、客舱中，民航人每天要接触大量旅客，面对疫情，他们并非“不害怕”，而是“责任在肩就不能退缩”。与疫情的搏斗正到了最吃劲儿的阶段，逆行者们不仅要做好物理防护，还要做好心理防护。那么，民航职工应该如何做好心理防护呢？中国科学院心理研究所高级工程师、国家公务员心理健康应用研究中心副主任、中央国家机关职工心理健康咨询中心专家咨询师卢敏博士建议，民航员工在做好各种身体防护的基础上，要尽量做到以下三点。

首先，信息获取定时，塑造正向思维

假如每天不断刷手机关注疫情信息，想从中找到自己可以掌控的信息，获得暂时的“控制感”，反而会陷入“越关注越紧张，越紧张越关注”的恶性循环中。道听途说会让人无所适从，过度沉浸在负面信息中也可能产生“替代性创伤”，所以，建议设定一个“信息闹钟”。比如，规定自己每天早、中、晚分 3 次查阅疫情信息，且每次不超过 10 分钟。此外，要从权威、官方渠道获取正确的疫情信息、身心防护信息和心理健康信息，防止信息过载，增强安全感。

在疫情期间，网络上蔓延着各种信息。人类有个规律：“注意力等于事实”。当我们担心、怀疑自己被感染的时候，会把注意力全部集中在自己被感染的可能性上，任何一个微小症状都会归为被感染的依据。例如，某人有一天腹泻，通过网络认为腹泻可能是新冠肺炎感染症状，于是吃不好睡不好，不断印证自己的各种微小症状，不断量体温，继而产生更多的应激反应。所以，要引导自己和身边人关注正面信息和事件，塑造正向思维。

其次，提升身心免疫，坚持开展“五个一”

第一，合理制定一个计划。制订一个合理的计划，有规律地安排工作和生活。民航很多岗位实行倒班制，作息不规律，更应该根据工作时间做好计划，在工作之余把生活安排得尽量充实、规律，保证合理的饮食和睡眠。

第二，专注做好一件事情。建议员工在工作之余投入到让自己开心、愉悦、有收益的事情中，比如看书、听音乐、看电影、绘画，或学习一项之前想学却一直没开始学的技能等，专注当下能转移对疫情的持续关注，还能保持积极情绪。

第三，合理进行一些运动。研究表明，运动能够缓解压力，培养积极情绪，又能增强免疫力。可以使用手机上的健身 App，进行减脂、塑型、有氧操、瑜伽等运动。此外，还可以和朋友一起加入网络运动社，增加团体互动，在强化运动的同时也能避免孤独感，从而促进心理健康。

第四，学习一些心理技术。员工在高压力状态下，情绪和身体都很疲惫，推荐学习和练习冥想、呼吸放松等方法，能够安定情绪、缓解疲劳、帮助睡眠，提升“心理免疫力”。

第五，合理宣泄一下情绪。民航职工作为逆行者，产生压抑情绪并非偶然。此时不能一味默默承受，而是要找合理的途径宣泄，如找领导、家人、朋友倾诉来释放，或者痛哭一场、大声唱歌、打沙袋等，还可以通过网络渠道找专业人士进行情绪疏导。

最后，翻转念头方向，小步提升能量

疫情期间，我们会控制不住产生一些负性念头，越想越焦虑，比如后悔之前没做到的地方、担忧不确定的未来、抱怨他人的失误等，这些都是我们不想要的。所以，建议学习一个思维技巧，就是“翻转念头方向”，问自己想要的是什么。如果想要的暂时做不到，会引发无力感，这时要把想要的进行量化，设置“一小步”。

例如，把“我不想要感染病毒”变成“我可以做什么，来减少一分感染病毒的可能性”；把“我不想要与旅客争执”变成“我应该注意什么，可以增进一步旅客对我的理解”；把“我不想要家人担心我”变成“我能够做些什么，减少一分家人对我的担忧”等。

“一小步”的方法我们本身就拥有，在想到和做到的同时更能看到自己的能力、资源和智慧，能有效提升我们的能量感，增强我们做有用的事情的行动力，从而增强情绪的稳定感。

（二）安全责任重大

安全是民航所有工作中的重中之重。在民航业内有一个共识：“安全是永恒的主题，如果没有安全做保障，其他任何工作都等于零。”当安全与服务产生矛盾时，服务要让位于安全，也就是说，服务的前提首先是保证安全。

民航服务人员担负着观察、发现、处理各种安全隐患和消除各种危机事件的任务。这也就是为什么当有旅客将随身行李放在紧急出口处，服务人员要想方设法地劝说旅客将其换个位置的原因，哪怕旅客再怎么爱惜自己的行李，再怎么不满意，也必须将行李调换位置，因为它可能会对应急撤离造成障碍，而这涉及到了旅客的安全。

（三）服务环境特殊

民航服务任务的实施大多是在地面机场中或客舱内（见图 7-5），整个服务过程会受到机场或客舱空间、航班进出港和飞行状态的影响和制约。因此，民航服务人员要严格按照规范为旅客提供服务。

图 7-5　民航服务人员工作环境

（四）综合素质要求高

民航业的发展与民航服务人员的服务质量有很大的关系，良好的服务质量不仅有助于提升航空公司的整体形象，还有助于提升航空公司的社会效益和经济效益。而服务质量的好坏主要取决于服务人员的综合素质。也就是说，民航服务人员只有具备良好的综合素质，才能提高服务质量。

综合素质包括身体素质、心理素质和业务素质。身体素质是指具有良好的体能、合格的外形条件；心理素质是指具有情绪控制能力、应变创造能力、语言表达能力、沟通协调能力、投诉性危机处理能力和较强的礼仪意识；业务素质是指具有思想素质、专业素质和行为素质。

（五）个性差异化服务明显

民航服务工作具有开放性和广泛性的特点，在服务过程中会接触到来自不同民族、不同国家（地区）、不同层次、不同文化背景、不同年龄层次的旅客，他们的饮食习惯、风俗礼仪、生活禁忌等各不相同。因此，这就要求民航服务人员在提供日常标准化服务的同时，还要根据不同旅客的不同需求提供个性化服务。

三、民航服务职业环境

职业环境，就是某职业在社会大环境中的发展状况、技术含量、社会地位、未来发展趋势等。

作为国民经济和社会发展的重要行业和先进的交通运输方式，我国民航业伴随整个国民经济的发展不断壮大。特别是改革开放四十多年来，航线网络不断扩大，机队运输能力逐年提升，基础设施得到极大改善，体制改革不断深入，民航在社会主义现代化建设中发挥着越来越大的作用。随着民航运输业的发展，从业人员的职业环境也出现了巨大的变化。

（一）职业岗位供不应求

随着全球经济的快速发展，民航业在全球的发展速度与就业率上都远远超过了传统行业，民航专业人才在全球都呈现出供不应求的局面。同时，我国正处于从民航大国向民航强国的转变过程中，更需要大量专业化程度较高的人才，因此，从事民航类职业，稳定性能得到有效保障。

（二）工作内容多元化

民航业未来的发展趋势是航空公司的服务不再是出售机票，把旅客送到目的地等简单服务，而是在运营环节上，融旅游业、餐饮业在内的延伸服务和增值服务。从事民航服务工作呈现“两好、两高”的特点。其中，“两好”指的是工作环境好、发展环境好；“两高”指的是工作层次和接触的人员素质高、收入水平高。

（三）职业发展和晋升空间大

民航服务职业并不是吃青春饭的职业，它有很大的职业发展和晋升空间。毕业生入职以后，经过数年的奋斗，可以从国内航线的普通舱晋升到头等舱，再进入国际航线，从短途到长途；从职务角度看，可以从乘务员开始，逐步晋升到乘务长、主任乘务长等。

（四）对从业人员的素质要求高

民航业对从业人员的基本要求有四点：符合行业要求的外在条件、良好的职业素质、良好的英语表达能力和扎实的职业技能。此外，大多数航空企业对民航服务人员的思想素质也有所要求：一是热爱生活与工作，能时刻保持饱满的工作热情；二是能够努力工作，不怕吃苦；三是不怕失败，充满自信；四是既能注重细节，又能把握全局。

第二节　民航服务职业素养

案例导入

强化职业素养——不同的话语，不同的效果

飞机上的正餐一般有两种热食供旅客选择。一次，乘务员在为经济舱的旅客提供正餐服务时，某位旅客选择的餐食刚好没有了。这时，乘务员非常热心地到头等舱拿了一份餐食送到这位旅客面前，并说道：“真不好意思，您选择的餐食已经没有了，刚好头等舱多了一份我就给您送来了。”旅客一听，非常不高兴地说：“头等舱吃不完的拿给我？”由于乘务员的表达不当，他的热心举动并没有得到旅客的感谢，反而惹得旅客不高兴。

如果乘务员这样说：“真对不起，您选择的餐食刚好没有了，但请您放心，我会尽量帮您解决。”然后再去头等舱看是否有多余的餐食。当把餐食送到旅客面前时，可以这样说：“您看我将头等舱的餐食提供给您，希望您能满意，欢迎您下次再乘坐我们公司的航班，我一定优先请您选择我们的餐食品种。”

从这个案例可以看出，乘务员在为旅客服务时，要学会运用一定的语言表达技巧，这是作为一名合格民航服务人员必备的职业素养。

思考：民航服务人员应具备的职业素养包括哪几方面?

民航服务工作是航空公司直接面对旅客的窗口，优质的服务质量不仅直接代表了各航空公司的品牌服务，还是民航综合水平的重要体现。在激烈的航空市场竞争中，服务人员的职业素养从侧面展现了航空公司的服务水平，对提高航空公司的核心竞争力具有非常重要的意义。因此，本节主要分析职业素养的内涵和重要性，探讨民航服务人员应具备哪些职业素养。

一、职业素养的内涵和重要性

（一）职业素养的概念

职业素养包含职业素质和个人修养两个方面，是劳动者对所从事职业了解与适应能力的一种综合体现，其主要表现在职业道德、职业技能、职业行为和职业意识等几个方面。

（二）职业素养的重要性

1. 有利于提高消费者的满意度

消费者的需求是航空公司经营和营销活动的出发点和落脚点，民航服务人员服务质量的高低会直接影响到旅客的整体感受、心理状态及对航空公司的认可程度。优质的服务是降低旅客流失率和赢得更多新旅客的有效途径，能够增加消费者对航空公司品牌的信任感和依赖度。

此外，民航服务人员只有具备较高的职业素养，才能为旅客提供多样化、差异化的优质服务，从而才能吸引更多的旅客。

2. 有利于提高航空公司的竞争力

近年来，随着我国工业技术的改进，使得各大航空公司在硬件设备上的差距几乎为零。那么，为了争夺市场，其只有在服务质量上一决胜负。然而服务质量的高低由服务人员的职业素养决定，因此，具备较高的职业素养对提高航空公司的知名度，以及占领市场起着至关重要的作用。

二、民航服务人员应具备的职业素养

（一）职业道德

所谓职业道德，就是人们在进行职业活动过程中，一切符合职业要求的心理意识、行为准则和行为规范的总和。对于从事民航服务的人员来说，其应具备的基本职业道德主要包括以下几个方面。

1．爱岗敬业精神

民航服务人员要树立良好的职业道德，首先要树立起爱岗敬业、忠于职守的精神。这是职业道德有别于其他道德的主要特征。民航服务人员要做到爱岗敬业，首先要做到热爱自己所在的工作岗位和所从事的具体职业，并能够担负起本岗位的责任，以及维护本职业的利益。其次，要用积极的心态对待工作，在工作上要认真负责，在技术上要精益求精。最后，要做到勤勤恳恳、踏踏实实、任劳任怨、不计名利，切忌抱着不求有功但求无过的心态去工作。

2．高度的责任心

民航工作既是服务工作，也是安全工作，既关系到航空公司服务水平的高低，也关系到旅客的生命和国家的财产安全。所以，民航工作责任重大，这就要求民航从业人员以高度的责任心认真对待。可以说，责任心是一名民航服务人员必须具备的最基本条件。

责任心包括两个方面内容：一是对本职工作的责任心。民航从业人员应认真履行工作职责，认真做好每项工作。二是对旅客的责任心。民航从业人员应做到以旅客需求为焦点，想旅客所想，急旅客所急。

中国民用航空局原局长李家祥曾在《实现安全发展的关键在于落实责任》中提到：员工应认真履行岗位责任，要有鲜明的主人翁姿态。要摒弃“拿钱干活”的雇佣思想，克服“事不关己、高高挂起，明知不对，少说为佳”的不负责任态度，真正把自己当作企业的主人。

责任意识

海南航空以高度的责任心和使命感，为生命保驾护航

近日，海南航空股份有限公司（以下简称“海南航空”）接到了一份运输宫血干细胞的紧急任务。据相关医院介绍，宫血干细胞的运输条件非常苛刻，它不仅需要冷冻保存，还要防止颠簸破坏细胞，并且需在一定时间内尽快运送至目的地。同时，宫血干细胞不能通过X光机照射，以保证细胞活性。整个运输过程就是一个与时间赛跑的过程。

为了确保这份“救命血”可以安全、及时地送达目的地，海南航空地面服务部接到运输任务后第一时间让市场部门与客户联系，协助客户完成运输宫血干细胞所需的证明文件和单据，并组织海口、杭州两地的地面服务保障单位在航班当日做好协同保障，并对保障中存在的风险提前做好充分预估和布置。

此外，地面服务管理部迅速召开保障会议，通过与现场指挥中心联系，申请航班优先放行，避免航班延误；与机场安检部门协调，按照中国民用航空局相关要求，在查阅申请文件后采取手工快速检查宫血干细胞血样状态的方式，以缩短开箱检查时

间，确保宫血干细胞的活性；安排地面服务各岗位间密切关注保障，地服工作人员全程陪同引导，协助旅客进行扫码核验电子健康码，保证医护人员以最快的速度到达登机口；与乘务组做好交接，协助客户完成运输容器在客舱中的安置工作，优先安排该客户上下机等事项。

经过各部门精心准备、通力协作，最终在规定的时间内顺利地将宫血干细胞安全运至目的地，获得了客户的认可与感谢。

3. 较强的亲和力

亲和力是指人们在交际的过程中感知对方的能力，也是民航服务人员必须具备的基本能力。民航服务人员在工作中要与形形色色的人打交道，这种发自内心的亲和力能够有效地拉近服务人员和服务对象之间的距离，消除彼此的陌生感，从而更加有利于服务人员为服务对象解决问题。

4. 真诚的服务态度

民航业作为服务业的标杆，这就要求服务人员在实际的工作中必须要具备真诚的服务态度，应时刻将旅客的利益放在首位，站在旅客的角度考虑问题。对旅客服务要热情、细心、周到；回答问题要准确、耐心；对旅客要一视同仁，尊重民族习俗和宗教信仰；对老、幼、病、残、孕等旅客应主动提供服务，使其能感受到出行途中的温暖。

真情服务

相逢有缘，温暖无限

作为一名乘务长，甘露深深地明白，自己执飞航班的服务品质，就是厦航的服务品质。她时常告诫自己，乘务长是客舱里的主人，她要让所有旅客高兴而来，满意而去。

一次，甘露执行厦门飞往北京的航班，迎客时她发现一位小伙子神情悲伤，仔细询问后得知，旅客的母亲重病在京住院，医院下了病危通知书。在厦门打工为家里提供医药费的他，第一次坐飞机就是为了要尽快见到母亲。因为每次都把钱寄回家，这次他的机票钱都是找工友东拼西凑借来的。“男儿有泪不轻弹，只因未到伤心处”，说着说着，他的泪珠就止不住地掉落下来。甘露决定为他做些什么。她迅速编写了一段广播词，真诚地向全舱旅客呼吁捐款。旅客们听到广播后纷纷慷慨解囊，最终募捐到了 5 000 多元。当甘露把捐款送到旅客手里时，他眼里满是惊愕，闪烁着泪光，哽咽着说道：“坐飞机本来只想快点去北京，没想到遇到这么多好心人！”

这一次经历让甘露真切感受到，航班有终点，服务无止境。最能打动人的，莫过于发自内心的爱，莫过于真情的力量。甘露虽然在平凡的岗位上，其所能提供的帮助也非常有限，但她总能够用真诚的服务为旅客带去温暖与真情。

5．良好的团队精神

团队精神是大局意识、协作精神和服务精神的集中体现，其核心是协同合作，最高境界是全体成员的向心力、凝聚力，反映的是个体利益和整体利益的统一。良好的团队精神，可以使民航服务人员齐心协力、协调配合、互相帮助、相互补充，从而充分发挥每个团队成员的作用，进而提升团队高效完成工作任务的能力。

（二）职业技能

职业技能是指民航服务人员因工作需要应具备的技术、技巧和能力，具体包括以下几个方面。

1．精湛的业务技能

旅客对民航服务人员的最核心要求是高效。要达到高效的目标，服务人员必须具备精湛的业务技能。

根据《民用机场服务质量》（MH/T5104-2013）规定，国内经济舱旅客办理乘机手续时间要达到95%的旅客等待时间不超过10分钟，国内头等舱、公务舱旅客办理乘机手续排队等候时间不超过5分钟，这就要求值机员必须在规定的时间内完成核实购票情况、办理行李托运、完成座位安排等一系列行为。如果业务技能不熟练，就可能会造成旅客的抱怨，甚至造成旅客误机。尤其在繁忙的时候，对服务人员业务技能要求更高。因此，民航服务人员应当勤学苦练、努力钻研，不断提高自身的业务技能。

敬畏生命

用扎实的业务和丰盈的爱心，守护旅客的美好旅程

2020年12月11日，从福州飞往昆明的航班上，在飞机起飞后7分钟左右，客舱突然连续响起呼唤铃。乘务员喻宣豪听到后立即前去查看，发现54排一名年轻的男士面色惨白，双手及手臂抽搐，喻宣豪立即向乘务长报告了此事。

乘务长刘兵立刻将旅客座位调整至前排宽敞空位。乘务组按照乘务长的分工开始了默契配合：广播寻找医生、在前舱准备应急药箱及设备、安抚旅客并开展救助。

由于旅客手部僵硬，在征得医生同意后，乘务长刘兵一边对旅客进行毛巾热敷，并通过按摩手部及小臂缓解其手部痉挛；一边安抚旅客，引导其深呼吸放松情绪。当得知旅客最近没有好好吃饭，乘务员徐琳马上冲泡糖水给旅客补充体力。经过乘务组与医生近50分钟的努力，旅客状况开始好转并能够进行正常的交流。

“现在回忆起来还是有些紧张，但面对旅客时我们一定要沉着冷静。飞行途中我们是旅客最信任的人，为旅客的生命安全做好保障，这是我们的职责和使命。”刘兵说。

民航服务人员在面临紧急情况下能迅速反应、沉着应对，用扎实的业务能力和为旅客服务的真心，生动演绎着“三个敬畏（敬畏生命、敬畏规章、敬畏职责）”，守护了旅客的美好旅程。

2. 扎实的专业知识

民航服务人员的工作职责是保证旅客安全和提供优质服务，这两点是衡量从业人员资格和能力的重要尺度。民航服务人员只有具备扎实的专业知识，才能为旅客提供高质量的服务，才能够提高旅客的认同感和信任感。那么，他们需要掌握的专业知识有哪些呢？

地勤服务人员需要熟练掌握的专业知识包括航空运输知识、证件检查、人身检查、物品检查、劳动保护、公关礼仪、英语、相关法律法规基础等；客舱服务人员要掌握的专业知识包括航空公司概况、航空运输常识、宗教礼仪、心理常识、医疗常识、地理知识、气象知识、礼仪知识、客舱服务知识等。

3. 规范的服务礼仪

民航服务礼仪是指民航服务人员在为旅客服务的过程中应遵守的一种行为规范，它贯穿于服务人员为旅客服务的各个环节，即从为旅客办理值机、安检、售票，到迎接旅客登机，用语言或手势与旅客进行简短的沟通，飞行途中为旅客发放餐食、饮料，再到为特殊旅客提供特殊服务等一整套的行为规范。

4. 良好的语言表达技巧

语言是最重要的交际工具和信息载体，不同的服务语言往往会得到不同的效果。所以，对于一名合格的民航服务人员来说，要掌握不同的语言表达技巧，如：对老年旅客的表达技巧、对儿童旅客的表达技巧、对特殊旅客的表达技巧、对发脾气旅客的表达技巧、对重要旅客的表达技巧、对航班不正点起飞时的表达技巧等。

（三）职业意识

1. 牢固的安全意识

安全是一切工作的基础，也是企业高质量发展的前提。航空安全在某种意义上已经成为国家稳定、社会稳定的标志。因此，民航服务人员一定要树立牢固的安全意识，把保证旅客安全始终放在第一位。

2. 较强的服务意识

服务意识是指全体服务人员在与一切与企业利益相关的人或企业的交往中所体现出的，提供热情、周到、主动服务的欲望和意识，即自觉主动地做好服务工作的观念和愿望，它是发自服务人员内心的。

民航服务人员的服务意识和能力直接关系到旅客的出行质量，直接代表和影响着民航业甚至整个国家的形象。因此，在激烈的市场竞争中，航空企业要想在市场上立足，就一定要提高服务人员的服务意识。

真情服务

主动服务显关怀，细微之处显真情

"闺女，你们的服务太好了！谢谢你们，好人一生平安。我给你们点赞！"这句质朴的话语，出自海南航空 HU7898 乌鲁木齐—西安—三亚航班旅途中一位 70 多岁的奶奶口中，她一边向乘务员张野道谢，一边激动地竖起大拇指。旁边的旅客都被老奶奶的声音所吸引，纷纷回头想看看到底发生了什么。

原来从上飞机开始，张野就注意到了这位老奶奶。她在老奶奶落座后主动给其拿来了一条盖腿的毛毯，又在老奶奶上洗手间时一路搀扶，还细心地为老奶奶讲解各种安全须知。老奶奶被她照顾了一路，终于忍不住连声夸赞。

从这个案例可以看出，乘务员张野具备敏锐的服务意识，能够看出老奶奶潜在的需求，并能为其提供周到的服务。而且从老奶奶说的话中可以感受到她对该服务的满意度。

3. 遵章守纪意识

遵章就是要按章办事，对规章有敬畏之心，要始终把规章手册作为日常工作的行为准则，严格遵守，并内化为自觉的行为习惯。

守纪就是要遵纪守法，不触碰各种红线。"纪"既代表党纪国法，又代表公司的各类规定和要求。

民航业是一个高度专业化的行业，同时也是一个对各环节、各流程要求严密的行业，这就要求每一位工作人员都要自觉遵章守纪。不可偏离规章制度或纪律约束，凭自己经验，鲁莽蛮干。因为违章违纪行为实际上是对旅客生命安全的漠视，很可能会造成严重的后果。比如，安检人员如果不遵守纪律，没有对旅客、行李及货物进行严格的安检，让违禁物品、非法分子进入飞机，可能会带来无法想象的后果；机场服务人员没有按照规章制度上的要求准点到达工作岗位，则可能会造成旅客不能出行、飞机不能正常起飞的结果。

总的来说，民航服务人员只有具备强烈的遵章守纪意识，才能保障旅客顺利出行，以及保障旅客的生命和财产安全。

SHIDAI KAIMO

时代楷模

民航金凤乘务组是怎样炼成的

热爱祖国是国航人崇高的精神追求和坚定的理想信念。中国国际航空股份有限公司（以下简称“国航”）是中国唯一载国旗飞行的航空公司。金凤乘务组作为国航的空中服务优质品牌，自1994年开始创建以来，已经走过了20多年的风雨历程。在无数次急难险重任务中，在祖国和人民需要之时，金凤乘务组都是第一时间主动请缨，勇挑重担，为祖国分忧解难。

危难之际挺身而出。1999年5月7日，以美国为首的北约轰炸我驻南斯拉夫使馆，造成严重人员伤亡，中央决定派遣专机前往贝尔格莱德，运送伤员和遇难者骨灰回国。从空中飞越北约军事封锁下的南联盟领空，前往战火纷飞的贝尔格莱德，危险不言而喻。在这关键时刻，一群国航空乘挺身而出，志愿执行这次特殊的任务。

1999年5月9日凌晨，经过改装的国航专机划破夜空，从首都机场紧急起飞，于当地时间9日6:30抵达贝尔格莱德。这是自南斯拉夫遭北约空袭的47天来，降落的第一架民航客机。

2011年年初，利比亚内战枪炮四起，为了身处利比亚的中国公民安全，国家组织了中国历史上最大的海外撤侨行动，从2月23日到3月5日，国航派出航班接回中国同胞近9 000人，在28架次的飞行中，活跃着金凤组的身影。

当历经几十小时的长途跋涉和战火惊吓后的旅客登上回国航班，听到的第一句话就是金凤组最温暖的广播词：“同胞们，我们受党和国家的委托来接你们回家了！”机舱中立刻爆发出热烈的掌声和“祖国万岁”的欢呼声。担心同胞因过度饥饿后进食太快不舒服，她们先递上温热的八宝粥和小烧饼，稍后在他们用餐时还送上精心准备的咸菜。有一名嘴部严重受伤的同胞，她们还特制流食让他用吸管吸。当时的主任乘务长王建兵在日记中这样写道：“今天我感受到了这身制服的特殊价值所在，国航人就是要在祖国需要的时候，招之即来、来之能战。”

20多年来，一代又一代的金凤人，以蓝天为舞台，以客舱为阵地，以雷锋精神为榜样，把爱国、敬业、诚信、友善，融入服务理念之中，演绎了一个个感人的故事，用服务向社会传递正能量，用行动谱写着社会主义核心价值观的美丽华章。

第三节 民航服务人员的心理素质

案例导入

提高心理素质——危急时刻显身手

2017 年 6 月 12 日，在一架由成都飞往天津的 BK2852 航班上，机组人员成功救助了一名高血压患者。

当班乘务员洪晨在为旅客提供客舱服务时，发现 26 排 B 座旅客表情异常，一直用手捂住鼻子，问询后得知这名旅客因高空气压差感到不适，出现流鼻血情况。洪晨立即取来纸巾，并将冰块用毛巾包裹后一同递与旅客，但这并未缓解旅客的情况。为了避免情况进一步加重，洪晨马上向乘务长金波报告。金波在向机长报告后紧急进行客舱广播寻找医护工作者。坐在 29E 的旅客是一名护士，听到广播后主动加入到了救助中。

在护士问询中旅客告知自己患有高血压，在上机前服用过降压药。随后在护士指导下，乘务长和其他乘务员一起分工协作对该旅客实施了一系列的救助措施。最终，旅客的流鼻血情况得到了控制，血压和心率也恢复了正常。事后，旅客对乘务组和护士的救助表示十分感谢，同时对乘务组的沉着冷静和专业的急救技能也给予了高度的赞扬。

万米高空旅客突发疾病事件时有发生，如果没有过硬的心理素质、专业的急救技能，以及乘务组员之间的默契配合，那么很有可能会错失挽救旅客生命的最佳时机。

思考：作为一名民航服务人员，应具备哪些心理素质？心理素质对民航服务人员及其工作的意义有哪些？

作为一名民航服务人员，在工作中随时随地都有可能遇到各种突发情况，比如飞机延误、取消，发动机损坏等。因此，在各种考验下，民航服务人员要想圆满、出色地完成工作，除了应具备过硬的业务素质外，还应具备良好的心理素质。另外，民航服务人员每天都要面对形形色色的旅客，有时还会遇到旅客的故意刁难，因此，民航服务人员只有具备过硬的心理素质，才能始终保持不卑不亢的工作热情。

总的来说，良好的心理素质是提升旅客安全和提高服务质量的保障。本节将主要阐述心理素质的内容、民航服务人员应具备的心理素质和心理素质对民航服务人员及其工作的意义等。

一、什么是心理素质

心理素质是人的整体素质的组成部分，是以个体生理条件和已有知识经验为基础，在后天的环境、教育、实践活动等因素的影响下逐步发展起来的一种心理品质。也就是说，心理素质的形成源于先天的条件和后天的影响。

二、民航服务人员应具备的心理素质

心理素质作为民航服务人员基本素质的重要组成部分，不仅是其身心健康的重要标志，而且对其他素质的形成和发展起着推动和促进作用。良好的思想、道德、技能等素质，必须建立在良好的心理素质基础上。只有具备了良好的心理素质，才能在工作中投入自己的热情和力量，才能在遇到困难时想方设法地进行解决。

要想胜任民航服务工作，民航服务人员必须要具备的心理素质包括：自觉性、坚持性、果断性、自制力、自信心。

（一）自觉性

自觉性是指能够独立自主地调节控制自己的行动，从而达到自己的目的。具有自觉性的服务人员总能够把自己的热情和力量都投入到工作中去，不用别人暗示和督促就能独立地发现问题，并能在遇到困难时不妥协、不动摇，竭尽全力地克服困难。

真情服务

求真力行，真情待客

2018 年 10 月 24 日，MF8118（北京—厦门）航班起飞后不久，客舱经理苏新然在头等舱左通道巡视时看到 1H 旅客俞先生频繁向座椅下查看，便立即走上前去询问是否需要帮助。俞先生称自己的 iPhone 蓝牙耳机不慎遗失。在得到旅客的允许后，客舱经理开始协助旅客寻找耳机。经过仔细地检查，在座椅下部滑道里隐约看到旅客掉落的耳机，但由于滑道狭窄，暂时无法取出，客舱经理向旅客致以歉意，并表示落地后将通知专业人员上机协助取出。

俞先生对于乘务组的热心帮助十分感动，并亲切地说："这个事情不是你们的错，是我自己不小心，你们的服务很热情！"飞行途中俞先生在休息时，乘务组为其提供了毛毯，待其醒后又为其提供了餐食。

开舱门后，待旅客下机完毕，客舱经理立刻赶到 1H 了解进展。此时机务人员也已上机协助处理，但仍取不出耳机。俞先生再次感谢大家的倾力帮助，但表示耳机不要了，不愿意给大家添太多麻烦。苏新然不愿轻易放弃，在和机务人员沟通后决定自己钻入座椅下面再做一次努力。最终，经过几次尝试，她终于拿到了俞先生掉落的耳机。此时，客舱经理已是蓬头垢面。俞先生看到乘务组为自己掉落的耳机做出的努力，连忙致谢，并拿手机拍了一张照片，记录下了这难忘的时刻。

事后，俞先生为乘务组送来了锦旗，写道："真情服务暖人心，明德惟馨树楷模"，极大地鼓舞了乘务组。这件小事是苏新然乘务组践行"以诚为本、以客为尊"服务理念的生动实例。

（二）坚持性

坚持性是指在工作长期维持和既定目标相一致的行为，不轻易放弃对既定目标的追求。具有坚持性的服务人员不仅能顺利完成容易且感兴趣的工作任务，还能以顽强的毅力和饱满的精力投身于困难重重、枯燥乏味的工作之中。

（三）果断性

果断性是指善于迅速明辨是非，并在决策关头当机立断的能力。具有果断性的服务人员在复杂的情况下能够迅速有效地执行决定，勇敢、及时地投入行动，在特定情境下能够处变不惊、审时度势，全面、深刻地认识到行动的目的和应当采取的方法。

（四）自制力

自制力是指善于控制自己的情绪，并能有意识地调节和支配自己思想和行动的能力。自制力主要表现在两方面：一是善于鞭策自己去执行既定的决定，二是善于抑制与目标相违背的愿望、动机、情感和行动。自制力强的服务人员能严格控制自己的各种消极情绪，对挫折有很强的承受力，在学习和工作中能够高度集中注意力，达到忘我的境界。

（五）自信心

自信心是指对自己能力的肯定。服务人员在学习、工作和生活中不可能一帆风顺，有的服务人员一遇挫折和失败就情绪低落、怨天尤人、灰心丧气，甚至惊慌失措、彻底崩溃；有的服务人员则视胜败为兵家常事，他们会从失败中汲取教训，在失败中寻找成功的因素，继续努力。

面对挫折和失败，两种人的行为表现截然不同，关键在于有无自信。坚强的自信心可以使人最大限度地发挥自己的聪明才智，蔑视困难和失败。培养自信心的关键是，要肯定自身存在的价值，学会客观地分析自己，既要看到自己的长处，也要了解自己的短处。因为，看不到自己的长处，容易产生自卑心理；看不到自己的短处，容易产生傲慢心理。

三、心理素质对民航服务人员及其工作的意义

民航服务人员的心理素质对于飞行的安全、旅客的安全、服务的质量有着至关重要的影响，同时也在一定程度上影响着旅客的身心健康。

优秀的心理素质对民航服务人员的身心及工作的意义主要体现在以下几个方面：

（一）良好的心理素质是顺利完成工作的基本条件

民航服务工作是一项非常辛苦的工作，需要消耗大量的生理和心理能量，会带来疲劳和紧张。再加上在客舱内经常会遇到故意刁难的旅客而遭受委屈和误解，甚至投诉。这些在工作中常发生的不愉快，很容易使民航服务人员产生多种不良情绪。因此，民航服务人员只有具有良好的心理素质，才能顺利地完成工作。

（二）良好的心理素质有利于民航服务人员的自我发展

心理健康的民航服务人员具有良好的自我反省能力和自制力。健康的心理能使其正确认识和评价自己，正确对待工作中遇到的挫折，使其无论身处顺境还是逆境，都能以乐观态度、进取精神正视现实、正视自己，以社会道德、法律规范来约束自己。反之，心理不健康的民航服务人员，则会表现出精神不佳、自卑、忧郁、苦闷与悲观，从而直接影响其工作适应能力和职业发展。

（三）良好的心理素质有利于民航服务人员潜能的开发

20世纪初，美国著名心理学家威廉·詹姆斯就曾断言，普通人一般只开发了他们全部潜能的极小部分。他说："与我们所具有的全部潜能相比，我们只苏醒了一半。我们的热情受到打击，我们的蓝图没能展开，我们只用了我们头脑和身体资源中的极小一部分。"健康的心理会促进民航服务人员开发自己的潜能，注意发展、完善和实现自我。在面对工作中某些失败的教训时，具备良好的心理素质的人一般不会产生哀怨或沮丧的不良情绪，而是能够建设性地对待问题，努力争取工作的成功。

（四）良好的心理有利于民航服务人员充满自信

现代社会要求民航服务人员不仅具有良好的思想品德、优异的业务知识，还要有稳定的情绪、良好的人际交往能力和较强的工作适应能力等心理素质。健康的心理会促使服务人员在学习和工作中积极培养和提高自身的综合素质，使其目标明确，努力追求成功；在遇到失败和挫折时善于总结经验，积极寻找新途径和新方法；在面对选择时勇于表现自己，善于推销自己，不畏艰难，不怕失败。

（五）良好的心理素质有利于民航服务人员提高自制力

具有良好心理素质的民航服务人员，能够善于控制和支配自己的情绪、约束自己的言行，促使自己去执行既定的决定，既能控制与实现目标不一致的思想情绪和外界诱因，保证不偏离既定目标，又能为实现既定的崇高目标，忍受各种磨难与痛苦。

复习与回顾

一、问答题

1．民航服务职业的类别有哪些？

2．什么是职业素养？职业素养的重要性有哪几点？

3．什么是心理素质？民航服务人员应具备哪些心理素质？

二、简答题

1．归纳、总结民航服务职业的特点有哪些。

2．谈谈你对民航服务职业有怎样的认知。

3．简述民航服务人员应具备的职业素养。

4．简述心理素质对民航服务人员及其工作的意义。

三、情景模拟

为旅客提供导乘服务

背景资料：

李明是机场的一名导乘人员。某日工作期间，她发现一名步履蹒跚的旅客在机场大厅走来走去。李明上前询问后得知，该旅客要去办理值机手续，但她不知道该如何办理、去哪里办理。基于旅客腿脚不便，李明打算为旅客提供轮椅并协助其办理值机手续。

实施步骤：

（1）学生们自由组合，2 人一组，分别扮演机场导乘人员和需要帮助的旅客。

（2）根据“背景资料”中提供的情景进行模拟。

（3）每小组在模拟时，其他小组要认真观看，并做好记录。

（4）各小组模拟结束后，由老师根据表 7-1 对每个小组的模拟情况进行评价。

表 7-1　任务实施检测表

考核内容	分值	自评分	小组评分	教师评分	实得分
主动询问旅客，了解旅客的诉求	20				
针对旅客的诉求给予耐心和详细的说明	30				
借用轮椅，协助旅客到达值机柜台办理手续	30				
站姿规范，微笑甜美，吐字清晰，声音洪亮	20				
总分	100				

参考文献

[1] 张号全，孙梅. 航空面试技巧 [M]. 北京：化学工业出版社，2017.

[2] 李勤，安萍. 空乘人员求职应聘面试指南 [M]. 北京：清华大学出版社，2020.

[3] 李晓旭，邹琳，范丽娟. 民航服务礼仪 [M]. 北京：航空工业出版社，2016.

[4] 陈坤成，谢旻蓉. 空乘地勤英语一本通 [M]. 北京：旅游教育出版社，2016.

[5] 杨长进. 空乘服务语言艺术与播音技巧 [M]. 北京：航空工业出版社，2014.

[6] 安萍. 民航服务沟通技巧 [M]. 北京：清华大学出版社，2017.

[7] 杨怡. 空姐教你考空姐 [M]. 武汉：武汉大学出版社，2011.

[8] 辜英智，刘存绪，魏春霖. 民航服务人员化妆技巧及形象塑造 [M]. 成都：四川大学出版社，2017.

[9] 辜英智，刘存绪，魏春霖. 民航客舱设备常识 [M]. 成都：四川大学出版社，2017.

[10] 杨军，马秀英. 空中乘务实训指导 [M]. 成都：四川大学出版社，2015.

[11] 张澜. 民航服务心理与实务 [M]. 北京：旅游教育出版社，2019.

[12] 董淑霞，苗俊霞. 民航发展简史 [M]. 北京：首都经济贸易大学出版社，2017.

[13] 邓天丽. 公务员面试技巧与真题解析 [M]. 成都：西南交通大学出版社，2017.

[14] 李靖. 面试官不会告诉你的那些面试技巧 [M]. 天津人民出版社，2018.

[15] 赵泽道. 公务员考试面试支招 [M]. 成都：四川人民出版社，2018.

[16] 孟琳，张妍. 求职技巧 [M]. 镇江：江苏大学出版社，2017.